KB051527

지금 시작하는 평등한 교실

지금 시작하는 평등한 교실

가르치며 배우는 페미니스트 페다고지

초판 1쇄 펴낸날 2022년 12월 20일

기획 페페연구소
지은이 김동진 김미소 김은지 레일라 오혜민 이해주 장재영 조은
펴낸이 이건복
펴낸곳 도서출판 동녘

책임편집 김다정
편집 구형민 정경윤 이지원 김혜윤 홍주은
마케팅 임세현
관리 서숙희 이주원

등록 제311-1980-01호 1980년 3월 25일
주소 (10881) 경기도 파주시 회동길 77-26
전화 영업 031-955-3000 편집 031-955-3005 **전송** 031-955-3009
블로그 www.dongnyok.com **전자우편** editor@dongnyok.com
페이스북·인스타그램 @dongnyokpub
인쇄·제본 영신사 **종이** 한서지업사

ISBN 978-89-7297-071-2 (03330)

- 잘못 만들어진 책은 구입처에서 바꿔 드립니다.
- 책값은 뒤표지에 쓰여 있습니다.

가르치며 배우는 페미니스트 페다고지

Feminist Pedagogy

베비연구소 기획. 김동진·김미소·김은지·례일라·

지금
시작하는
평등한
교실

오혜민·이해주·장재영·조은 지음

동녘

우리의 질문이 당신의 앎과 연결되기를

'대한민국 학교교육의 문제점이 무엇인가?'라는 질문을 받는다면 당신은 무엇이라고 답하겠는가? 내가 만난 학습자들은 대부분 입시 위주의, 획일적인, 주입식 교육을 답으로 꼽았다. 기존의 학교교육 담론을 비판하면서 등장한 평생교육학을 공부하던 나는 '그렇다면 평생교육에서는 어떻게 다르게 가르칠까?' 하는 질문을 품게 되었다. 교실에서 누군가로부터 내 일상과 동떨어진 지식을 일방적으로 전달받는 것만이 배움이 아니라, 내가 살아가면서 하는 수많은 경험 혹은 삶을 살아가는 과정 자체가 배움이라는 것을 성인학습이론을 공부하며 알게 되자 그제서야 공부가 재미있어졌다. 이론을 배우는 과정에 여성으로서의 내 삶을 투영하게 되자, '어떻게 다르게 가르칠까?' 하는 나의 질문은 '페미니스트 페다고지(feminist pedagogy)'와 만나게 되었다.

첫 만남은 미국 유학 시절, 나의 지도교수인 와니타 존슨 베일리(Juanita Johnson-Bailey) 교수의 '페미니스트 페다고지' 과목에서였다. 그즈음에 배우기 시작한 다른 여성학 과목과 더불어 여기에서도 신세계가 펼쳐졌다. 학교에서 교사가 여자아이와 남자아이를 무의식중에 어떻게 미묘하게 달리 대하는지, 그런 대우가 성 역할 사회화로 어떻게 이어지는지를 배웠다. 어린 시절 조용하고 순종적일 때 칭찬받는 학교생활을 한 여자아이가 대학생이 되면 강의 시간에 자기 의견을 말하지 않는 상태가 된다는 것, 또한 온갖 성폭력이 난무하는 대학 캠퍼스가 여자 대학생에게 얼마나 폭력적인 공간인지도 배웠다. '그럼 대체 어떻게 하자는 거지?'라고 자문할 때쯤, 여성에게 힘을 실어주는 교육을 하자는 페미니스트 페다고지의 연구물들을 읽게 되었다.

알고 보니 서구 사회에서 페미니스트 페다고지의 발전은 페미니즘 운동과 밀접하게 연관되어 있었다. 페미니즘 운동이 힘을 얻자 미국 전역의 대학에 여성학과가 생겨났다. 그

후에 주로 여성학과 교수들이 모여서 '기존의 남성중심적 학문과는 어떻게 다르게 가르쳐볼 수 있을지'를 고민하며 만든 단체가 1977년 설립된 전미여성학협회(NWSA: National Women's Studies Association)다. 이 협회의 저널과 콘퍼런스를 비롯해 미국에는 페미니스트 페다고지 관련 연구물을 싣는 다수의 저널이 있었고, 학자 및 연구자와 현장의 교육자가 만나는 기회도 다양하게 있었다.

내가 이해한 페미니스트 페다고지는 어떤 거대하고 확고한 이론이 존재하는 학문 분야라기보다는, 페미니즘의 관점으로 어떻게 잘 가르쳐볼지를 끝없이 고민하는 연구자·교육자 페미니스트들의 이론적 연구와 교육적 실천의 집합체였다. 페미니스트 교육자가 가르치는 교실은 기존의 전통적이고 남성중심적인 교실과 달라야 한다는 것, 특히 여학생들에게 힘을 실어주는 방식으로 이러저러하게 가르쳐볼 수 있다는 것, 그 어떤 과목이든지 페미니즘의 관점으로 가르칠 수 있다는 것을 나는 페미니스트 페다고지에서 배웠다.

그동안 학교교육 현장에서 말 못 하는 여자아이, 여학생으로 살아왔던 나에게 이런 배움은 의식적·무의식적으로 힘이 되었다. 한국으로 돌아와 대학에서 강의하게 되자, 나는 자연

스레 '어떻게 페미니스트 페다고지의 가르침대로 잘 가르쳐
볼 수 있을지'를 고민하게 되었다. 누구도 나에게 시키지 않
은 일이었다. 페미니즘 관점으로 가르친 결과 학생들의 인식
변화를 이끌어낸다고 해서 누가 나에게 상을 주는 것도 아니
었다. 그래도 매 학기, 매 강의 조금씩 주제나 방법을 발전시
켜가면서 페미니즘 관점으로 가르치고, 학생들의 인식이 변
화하는 것을 보는 일이 즐거웠다. 또한 페미니스트 교육자로
서 그렇게 가르치는 일이 이 가부장제 사회에서 내가 숨 쉬며
살아갈 방법이기도 했다.

오랫동안 그런 실천을 혼자서 하다 보니 자연스레 '페미
니즘 교육'이라는 방향으로 일을 집중해보고 싶다는 생각이
들어서 1인 연구소를 만들었다. 이름을 '여성주의 교육 연구
소 페페(Feminist Pedagogy)'라고 거창하게 짓기는 했는데, 사실
상 내가 강의를 위한 공부 정도만 하고 살았던 세월 동안 무
서운 기세로 계속 출간된 페미니스트 페다고지 관련 영어권
연구물들을 일단 더 공부해야 무슨 일이든 할 수 있을 것 같
았다. 무작정 손을 내밀었을 때 내 손을 잡아준 페미니즘 책
방 '달리, 봄'과 협업으로 페미니스트 페다고지 관련 영어 책
을 읽는 모임인 '페페스터디'를 2019년 11월에 처음 열었다.

페미니즘 관점으로 가르치는 일을 함께 고민하고 실천할 수 있는 동료가 없어 외로웠던 시간을 꿋꿋이 통과하고, 누가 올까 싶어도 일단 해보자고 모임을 열었더니, 그동안 여기저 기서 고군분투하며 페미니즘 교육을 고민해오던 동료들이 찾아왔다. 자발적으로 참여한 동료들과 함께한 페페스터디 모임에는 내가 경험한 그 어느 수업보다도 뜨거운 열기가 늘 존재했다. 앞서간 연구자들로부터 책을 통해 배우고 그 배움에서 생겨난 질문을 공유하면서 지금을 사는 우리는 서로를 알아갔고, 혼자 하던 각자의 실천을 지속할 힘을 과거와 현재에서 얻었다.

지금까지 햇수로 4년, 일곱 번의 시즌 동안 페페스터디를 운영했고, 코로나19 상황을 겪으면서는 온라인 모임으로 전환했다. 페미니스트 페다고지 관련 영어 책을 네 권 읽었고, 글쓰기 모임도 한 번 했으며, 1980·1990년대에 발표된 다수의 영어 논문을 읽었다. 그러다 보니 읽는 것에서 더 나아가 뭔가를 해보자는 얘기를 동료들과 자연스레 하게 되었다. 우리처럼 각자의 자리에서 페미니즘과 교육을 이어보려 애쓰고 있을 사람들과 연결되고 싶다는 공통적인 열망이 드러났던 것 같다. 페페스터디를 통해 우리가 연결될 수 있어서 좋았으니, 이 좋은 걸 다른 사람들과도 나누고 싶다는 게 모두의 마음이었으리라.

그래서 이 책은 또 다른 누군가의 마음에 가닿기를 바라며 말을 건네는 책이다. 우리가 잘했으니 당신도 따라 해야 한다거나, 우리가 이만큼 읽었으니 당신도 공부해야 한다고 훈계하는 책이 아니다. 우리가 그동안 함께 공부하는 과정에서 어떻게 조금씩 변화했는지, 우리가 각자의 교육 현장에서 어떤 고민을 하면서 어떻게 조금씩 다르게 가르쳐보았는지, 잘되었던 가르침과 배움의 경험, 잘되지 않았던 경험은 무엇이었는지까지 모두 펼쳐 보이는 책이다. 또한 이 책이 입시 위주의, 획일적인, 주입식 교육 말고 어떻게 다르게 가르칠 것인지, 그랬을 때 무엇이 좋은지를 페미니즘 관점에서 고민해온 사람들의 삶의 기록으로 읽힌다면 좋겠다.

첫 번째 장에서는 여성으로서 몸에 새겨진 경험을 인식하는 조은이 초등학생 영어 교실에서 흔히 하는 '행맨 게임'을 바꾸어봄으로써 어린이들과 함께 몸으로 만들어간 새로운 경험을 말한다. 두 번째 장에서는 '여자앤데 당돌하게' 자전거를 잘 타던 김은지가 초등학생 글쓰기 교실에서, 괴물을 다양한 무기로 죽여버리는 이야기가 아니라 괴물에게 온갖 장난을 치는 이야기로 어린이들의 서사를 함께 바꾸어간 경험을 말한다. 세 번째 장에서는 어디에도 나의 자리가 없는 듯한 외로움을 겪었던 이해주가 페미니스트의 귀와 시선으로 어린이에게 귀 기울이고 눈길을 쏟았을 때 어떤 변화와 성장을 지켜보게 되었는지를 말한다. 네 번째 장에서는 교사의 권위로 교실을 통제해야 한다고 생각했던 장재영이 페미니즘과 페미니스트 페다고지를 만나면서 교실과 교실을 둘러싼 환경에서 드러나지 않고 감추어진 존재, 소외된 존재에 어떻게 관심을 갖게 되었으며 그 관심을 교실에 넓히려고 어떻게 시도했는지를 말한다. 다섯 번째 장에서는 한국·미국·프랑스를 넘나들며 공부한 재즈 뮤지션이자 음악 선생님인 레일라가 한 곡을 수없이 반복해서 연습하게 하는 획일적인 음악교육 방법을 탈피해 학생들이 음악을 통해 여성으로서의 삶에 대해 생각해보고 세상을 새롭게 바라볼 수 있게 도왔던 경험을 말한다. 여섯 번째 장에서는 영어를 가르치는 젊은 비원어민 여성 대학교수라는 존재 자체로 다양성을 보여주는 김미소가 일본 대학에서 페미니즘의 '페' 자도 꺼내지 않는 페미니즘 관점의 영어 강의를 한 경험을 말한다. 일곱 번째 장에서는 교실에서 말 못 하는 여학생이던 김동진이 대학에서 페미니스트 페다고지의 원리에 기반해 모든 학생들의 목소리로 시끌시끌한 강의실을 만들었을 때 학생들과 서로 치유하고 치유받은 경험을 말한다. 마지막 여덟 번째 장에서는 '억압의 한가운데에서 교육이 페미니즘과 삶을 연결'해준 순간을 경험한 오혜민이 대학의 교양 필수과목으로 페미니즘을 가르치면서 마주한 백래시(backlash)와 그 이면에 가려졌던 빛나는 순간들을 어떻게 감지했는지 분석하며 말한다.

이 책은 우리 여덟 명의 배움의 기록이자 페미니즘 교육 실천의 기록이며 결국 우리 삶의 기록이기도 하다. 대단한 존재도 아닌 우리가, 이 세상에서 여성으로 살아가느라 고단했고 페미니즘 교육을 홀로 고민하느라 외로웠던 존재인 우리가 페미니스트 페다고지라는 이름으로 만나고 연결되어 서로의 삶에 힘을 실어준 그런 기록이다. 그러니 이 글을 읽는 당신의 삶에도 우리 삶의 이야기가 힘이 되면 좋겠다.

이 책이 세상에 나올 수 있게 힘을 보태준 도서출판 동녘에 감사드린다. 중요한 작업이니 꼭 같이해보자며 용기를 준 구형민 부장님과 끝까지 섬세하게 검토해준 김다정·홍주은 편집자님에게도 고마움을 전한다. 이 책의 집필에 기꺼이 함께해준 동료들뿐 아니라 그동안 페페스터디를 거쳐간 모든 동료들에게도 감사드린다. 여기까지 걸어오는 길에 마주했던 수많은 페미니스트 동료의 얼굴이 아니었다면 이 작업을 시작하지도 못했을 것이다. 또한 애초에 페페스터디라는 판을 벌일 수 있도록 마음과 공간을 내어준 페미니즘 책방 '달리, 봄'의 운영자 소연 님과 승리 님에게도 감사드린다. 공간 운영이 종료되어 그곳이 지금 물리적으로는 존재하지 않지만, 그 공간을 거쳐간 이들의 마음 한 켠에는 늘 자리하고 있음을 말하고 싶다.

이 책에서 장재영이 말했듯, 우리가 "페미니즘, 그리고 페미니스트 페다고지에서 얻고 질문하게 된 것들이 당신의 앎과도 연결되기를 소망한다"(115쪽). 이제 우리들의 이야기를 시작해본다.

2022년 12월
저자들을 대표하여
김동진

"우리는 서로 가르침을 주고받았다.
누구든 틀릴 수 있다는 가능성을 두고
계속 수정할 용기를 지니게 하는 교실은
먼 곳에 존재하지 않았다."

우리를 망치러 온
우리 '몸'의 구원자

조은

표면 '아래'에서 '위'로, 마음이 건너온 시간들

내 몸에 새겨진(embodied) 경험들을 듣는 누군가는 이를 '작은 것
들'이라 부를 수도 있다. 학계에선 이를 '미세공격(microaggression)'
이라고 지칭한다. 미세공격이란 의도적이든 아니든 일상적으로
이뤄지는 모욕적인 말이나 행동을 의미한다.[1] 미세먼지만큼 작아
보여 웃어넘기곤 했지만 사실은 엄밀한 '공격'이었던 것.

　　내가 당한 공격들을 거슬러 올라가보면 그 시작은 중학생
때다. 중학생인 내가 지닌 '아래'의 마음은 소심하고 무뎠다.

아니, 무디지 않아도 무딘 척하며 '그만하라'는 메시지를 곱게 전달해야만 했다. 그 당시 나는 누군가로부터 지속적으로 문자메시지가 오던 탓에 괴로워했다. 내가 어딘가에 나가면 "어디 가냐"는 문자가, 집에 들어오면 "집에 왔냐"는 문자가 왔다. 그래서 한동안 창문 커튼을 열지 않고 잤다. 주위를 두리번거리며 걷는 데 익숙해질 즈음 나는 메시지의 출처를 밝히고자 나섰다. 친구가 많지 않던 난 다니던 학원이며 과외며 아는 인맥을 총동원해서 그 번호로 전화도 걸어보고 문자도 보내봤다. 그러다 한 친구가 그 번호의 주인이 우리 집 근처에 사는 한 남학생이라는 사실을 알아냈다. 하지만 그토록 힘겹게 발신자를 알아내고 나서도 할 수 있는 일이 없었다. 그저 '그 남학생과 이제 인사하면 안 되겠다' 정도의 마음만 들었다. 어떤 친구들은 "네가 인기가 많아서 그런 거 아니냐"며 그냥 넘기라고도 조언했으니 내가 잘 정리한 거라고 생각했다. 그렇게 믿었다.

　문자메시지 사건이 잊혀가던 무렵, 또 이상한 일이 생겼다. 우리 집 앞에 대뜸 생리대가 붙어 있었던 것이다. 조금 이상하다고 생각했지만 앞집에 어린 남자아이가 산다는 사실이 생각났고, 그 아이가 장난쳤으리란 생각에 생리대를 떼고는 가볍게 웃어넘겼다. 하지만 집 앞에 생리대가 붙어 있는 일이 며칠, 몇 주, 몇 달 동안 반복되면서 그제야 '무언가 잘못되고 있다'는 생각이 들었다. 식사 시간에 가족에게 겨우 생리대 이야기를 꺼냈다. 붙어 있는 게 '생리대'라는 사실은 그 이야기를 더 꺼내기 어렵게 만들었다. 그런데 더 놀라운 말을 들었다. 나만 생리대를 뗀 게 아니었던 것이다. 가족 모두 하루에도 몇 번씩 생리대를 뗐고, '생리대'라는 민망함 때문에 아무 말도 꺼내지 않고 지나쳐왔다고 했다.

문제의 심각성을 느낀 우리 가족은 일부러 외출 준비를 했다. 한두 시간 뒤 돌아온 우리는 또 문 앞에서 생리대를 발견하고, 곧장 아파트 CCTV를 확인하러 갔다. 그런데 CCTV에 찍힌 사람은 또 그 남학생이었다. 지속적으로 문자를 보냈던 그 남학생 말이다. 나는 긴말을 하고 싶지 않았다. 우리 가족은 현관문 앞에 "누군지 아니까 신고하기 전에 이런 행동을 멈추라"고 메시지를 적어놓았고, 그 뒤로 생리대는 더 이상 붙지 않았다.

학창 시절 '작은 것들'을 겪으며 거대하고도 구조적인 무언가가 나를 계속 덮치고 있다는 생각이 들었다. 그렇게 대학생이 된 나는 1학년 때 간 엠티에서 자는 도중 한 선배에게

　　　　　　　우리를 망치러 온 우리 '몸'의 구원자

입맞춤을 당했다. 갑자기 강제로 당한 입맞춤에 그 순간 무슨 말도 할 수 없었지만 나는 곧바로 화를 냈다. 미쳤냐고, 술 취해서 보이는 게 없냐고 난리를 쳤다. 남자 선배와 여자 새내기라는 성별과 나이의 권력 구조가 이중으로 얽혀 있었지만 중학생 때처럼 가만히 있고 싶지 않았다. 그러자 선배는 뭘 그리 화내냐며 히죽거리다가 뜬금없이 이런 말을 했다. "너, 이거 말해도 아무도 안 믿어줄걸." 나는 갑자기 왜 그런 소리를 하냐며 더 화냈지만 어째선지 그 이상 입이 움직이지 않았다. '증명'해내야 하는 표면 아래의 위치성이 꿈틀거리며 내 앞에 모습을 드러낸 기분이었다.

시간이 지나 또 다른 성희롱 피해를 겪었다. 사건을 마무리할 때 가해자들은 무엇보다 '내가 성희롱 피해 사실을 알리지 않길' 원했다. 두 사건은 무언가 통하는 점이 있었다. 내가 목소리를 내고 표면 위로 나가 세상에 사실을 알리는 것, 이것이 그들이 가장 두려워하는 일임을 깨달았다.

이곳에 적지 못한 수많은 경험이 이미 내 '몸'에 새겨졌다. 개인의 고백과 경험은 페미니즘 이론의 기반을 형성하며 해방적 이론을 산출하는 비옥한 땅이 되기도 한다. 고통을 겪으며 얻는 특정한 지식도 있기 때문이다.[2] '굳이' 겪지 않아도 되는 일이었지만 그 일을 '굳이' 말하고 이론화하는 과정, 그것이 나에게는 페미니스트가 되는 과정이었다.

누군가는 페미니즘을 두고 "나를 망치러 온 나의 구원자"[3]라 부르기도 한다. 페미니즘을 알게 된 뒤 평소엔 부드럽게 넘어가던 상황에도 무언가 목에 '탁' 걸리게 되었지만, 그것은 불편함 속의 진실을 보게 하는 용기의 이론이기 때문이다. 그리고 나는 이 말에서 '구원자'라는 단어에 방점을 찍는다. 벨 훅스(bell hooks)의 말처럼 나는 페미니즘 이론에서 내 경험을 치유할 공간을 마련했기 때문이다. 나는 말 못 할 경험들을 이미 겪은, 그리고 지금 겪고 있는 많은 여성과 어린이에게도 치유와 안전의 공간을 마련해주고 싶었다. 교육자로서 나는 그 구체적인 공간을 '교실'에서 찾기 시작했다. 그것이 내가 페미니스트 페다고지를 만나게 된 계기다. 페미니즘과 마찬가지로 페미니스트 페다고지는 '나를 망치러 온 나의 구원자'였다. 페미니스트 페다고지는 나의 교육을 결코 쉽지 않은 길로 이끈 동시에, 내 교실을 반복적으로 공고하게 만드는 끈기 있는 과정을 마련해줬기 때문이다.

우리를 망치러 온 우리 '몸'의 구원자

'몸'이 안전한 교실, 페미니즘 교실을 겪다

실천을 배제한 인식은 관념적 유희에 지나지 않고, 인식을 배제한 실천은 행위에 불과하다.[4] 페미니즘의 실천과 인식이 동시에 움직이는 교실을 처음 경험한 건 대학생 때였다. 아래에 남아 있어야 했던 중학교 교실 속 나와 달리 대학 강의실 속 나는 처음으로 마주한 표면 위를 만끽했다. 학부 시절 나는 특히 영문학 비평 수업에서 해방감을 느꼈다.

교실에서 학습자의 학습 동기 혹은 선택에는 젠더가 개입한다. 영문학을 읽으면서 나는 등장인물에 이입하며 나의 성별과 그로 인한 사회적 경험을 작품 해석에 자주 개입시켰다. 가장 기억에 남는 수업에서는 토머스 하디(Thomas Hardy)의 소설 《더버빌가의 테스(Tess of the d'Urbervilles)》를 다루었다. 소설의 줄거리를 요약하면 이러하다.

가난한 집에서 자란 테스는 자기가 귀족의 후손이라는 생각에 사로잡힌 아버지 때문에 먼 친척인 더버빌가에 일자리를 구하러 가게 된다. 떠밀려 간 그곳에서 테스는 친척인 알렉에게 성폭행당해 임신하고, 그렇게 태어난 아이 소로우('슬픔'이라는 뜻)는 병에 걸려 죽고 만다. 과거에서 벗어나 새롭게 출발하기 위해 찾아간 낯선 농장에서 테스는 에인절을 만나 사랑하게 되지만 에인절은 테스의 성폭행 피해를 듣자 '순수하지 못하다'는 이유로 테스를 떠나버린다. 이후 기독교인이 되어 돌아온 알렉이 테스 주위를 맴돌고, 알렉과 지내게 된 테스 앞에 에인절이 다시 등장한다. 에인절이 나타난 것을 본 테스는 우발적으로 알렉을 살해하고 도망치지만 스톤헨지에서 붙잡혀 결국 처형당한다.

수업에선 이 비극적인 소설에 대해 발제하고 토론하고 비평한 뒤 전체 내용에 관해 이야기 나눴다. 테스의 삶이 어땠는지, 테스의 삶과 나의 삶을 비교해볼 때는 어떠한지, 테스의 고통들은 어떻게 정의할 수 있는지 등등. 토론 중 팀원들은 테스가 겪은 비극과 관련한 각자의 경험을 공유했다. 토론은 소규모로 진행되었기 때문에 내 이야기를 나서서 하는 데 상대적으로 조그마한 용기만이 필요했다. 나는 테스에게 몰입해 테스와 감정을 공유했다. 몰입의 시간이 쌓여 이야기의 농도가 진해질 무렵, 교수님은 이런 말을 던졌다. "누가 테스의 비극을 낳았는지 생각해보세요."

학생들은 더 분주해졌다. 각기 다른 의견을 내세웠다. 먼저 몇몇 학생은 테스의 아버지 존을 지목했다. 소설 속 비극

우리를 망치러 온 우리 '몸'의 구원자

은 테스의 의지와 상관없이 아버지가 딸을 낯선 곳으로 보내 생긴 일이라는 것이다. 그다음으로는 테스에게 거절당하자 테스를 성폭행한 알렉이 지목됐다. 결국 알렉이 테스를 강간한 사건이 비극의 시작이라는 의견이었다. 에인절 역시 지목에서 벗어날 수 없었다. 테스를 가혹하게 떠난 에인절은 천사라는 뜻의 이름과 그가 믿은 종교와 달리 공정하지 못하고 악랄하다는 평이었다.

학생들은 토론 과정에서 각자의 경험을 이야기하며 설득에 나섰다. "우리 아빠도 이렇게 내 주체성을 무시하기 때문에 나는 테스의 마음을 잘 알아." "성(性)적으로 폭력을 휘둘렀다는 사실 그 자체로 알렉이 가장 큰 악이야. 테스를 아예 물건 취급했어." "결국 테스를 죽게 한 건 에인절이야. 어떻게 순수를 빌미로 떠나버릴 수가 있어? 성폭행당한 건 테스 잘못이 아닌데." 각자의 경험을 바탕으로 이야기 나누며 '의식 전환(consciousness-raising)'이 활발히 이루어졌고, 우리는 가장 설득력 있는 주장을 추려냈다. 그리고 토론 결과를 칠판에 적어 다른 팀에게 우리 팀 의견을 말했다. 모든 팀의 의견이 달랐지만, 우리 팀이 이야기 나눴듯이 모두 존·알렉·에인절 가운데 한 인물을 지목했다. 저마다의 주장으로 논리를 열심히 펼치

는 학생들의 토론을 듣고 난 뒤 교수님은 다소 복잡한, 그러나
안정된 표정으로 말했다.

"이 중 테스를 지목한 팀은 아무도 없네요." 당연하다고
생각했다. 테스가 자신의 불행을 스스로 자초할 리 없으니까.
그런데 연이어 나온 교수님의 이야기는 다소 충격적이었다.

"수업을 오래 진행했지만, 테스를 비극의 원인으로 둔 팀
의 수가 처음으로 0이네요." 처음으로 0이다. 내 머리 표면
위로 기어코 자라나는 한 나무의 씨앗이 드러난 느낌이었다.
우선 나는 내 경험을 두고도 '그런 일을 당할 만한 사람은 아
무도 없다'는 당연한 사실을 받아들여야 했고, 그다음으로
'세상이 피해를 입은 사람들을 탓하지 않는 단계에 이르렀
다'는 사실을 느낄 수 있었다.

이러한 수업을 경험하게 해준 우리 과 교수님들은 내가 겪
은 성희롱 문제를 해결해주려 적극적으로 행동하셨다. 서명
을 받으러 다니며 그 일이 없던 일로 치부되지 않도록 노력해
주었고, 법적 절차를 밟게 됐을 때는 법률 조언을 구하도록
함께 동행해주셨다. 나는 '작은 것들'을 겪었다고 해서 내가
창피한 존재가 아님을 비로소 깨달았다. 페미니스트 선생님
들이 내 교실을 안전한 곳으로 만들었기 때문이다. 나 또한

우리를 망치러 온 우리 '몸'의 구원자

그러한 선생님이 되고 싶어졌다.

학부를 졸업하고 대학원에서 교육을 공부하며 누군가를 가르치게 되자, '나'를 탓하지 않는 단계에 접어든 세상의 한 주체로서 책임을 다해야 한다는 생각이 들었다. 내가 겪은 미세공격의 경험들이 아니라 '미세평등'의 경험들이 학생 몸에 새겨지고 그런 몸이 자유롭게 말하고 움직일 수 있는 교실, 나는 그런 안전한 교실을 만들고 싶었다. 안전하지 않은 곳이 계속해서 안전하지 않은 곳으로 유지되는 이 세상에서 내 교실만큼은 내가 책임을 져야겠다고 생각했다.

'몸'이 움직이는 교실, 페미니즘 교실을 만들다

'몸이 안전한 교실'을 만들기 위해 내가 힘주어 되뇌는 마음가짐은 두 가지다. 첫 번째는 '나의 정체성(identity)인 페미니스트로서 교육하기'. 페미니스트로서 수많은 권력 이데올로기를 재생산하지 않는 교실을 마련하겠다는 다짐이다. 두 번째는 '올바른 권위를 가진 교육자 되기'. 교육학자 파울루 프레이리(Paulo Freire)에 따르면 교사는 권위주의자가 되기보다는

'올바른 권위'를 지니고 주체적인 문화 생산자가 되어 해방을 이루어야 한다. 겸손이란 '모든 것을 아는 사람은 없고 아무것도 모르는 사람도 없다'는 명백한 진리를 이해하는 것이다.[5] 교육자는 이러한 겸손을 갖추고 학생들이 지닌 순진한 지식을 세상의 지식과 이어주는 역할을 하면서, 동시에 학생들에게 배워야 한다.[6] 이렇게 나는 단단한 마음가짐 두 개를 한가득 품고 초등학생들에게 영어를 가르치는 수업에 들어갔다. 수업 첫날, 페미니스트 페다고지에서 배운 "우리는 모두 서로의 배움에 책임이 있다"[7]는 말을 언급하면서 우리 모두 이 교실의 주체임을 강조했다.

일단 첫날은 "예서는 예서. 승기는 승기. 키 조금 작은 아이가 희연이고 큰 아이가 희지"(이하 인명은 모두 가명) 하며 학생들 이름을 외우기에도 바빠서 나는 학생들이 각자 자기 이름을 외치며 단어를 맞추는 게임을 진행했다. 이 게임은 널리 알려진 '행맨(Hangman)'이다. 단어의 글자 수대로 빈 칸을 만들고 빈 칸을 채우기 위해 학생들은 알파벳을 하나씩 댄다. 빈 칸에 알맞지 않은 알파벳을 말할 때마다 교수형당하는 사람의 형상이 한 획씩 그려지는데, 그렇게 형상이 완성되면 그림 속 사람이 사형당하는 것으로 게임이 끝나고, 형상이

우리를 망치러 온 우리 '몸'의 구원자

완성되기 전에 빈 칸을 모두 채우면 그림 속 사람이 목숨을 구하는 것으로 게임이 마무리된다. 단어의 철자를 맞추고 싶다는 순수한 동기를 활용해 어휘를 습득하도록 학생들을 이끄는 활동이라고 생각했기 때문에 나도 참 좋아하는 게임이었다.

행맨 게임의 그림

하지만 그날은 좀 이상했다. 승기가 자꾸 화내고 투덜거리며 "게임이 마음에 들지 않는다"고 했다. 그러다 승기는 상윤이를 겨냥해 때리기 시작했다. 나는 너무나 당황했다. 승기는 상윤이에게 "왜 너만 맞히는 거냐"며 화내더니 밖으로 나갔다. 이런 일이 처음인 나는 상윤이를 진정시키고 승기를 교실로 데리고 들어왔다. 행맨을 계속 진행하려 했지만 승기와 상윤이는 또다시 서로 때리더니 급기야 가방을 챙겨 나갔다. 그렇게 첫 수업이 엉망진창으로 끝나고 내가 무엇을 놓쳤는지 고민했다. 아무리 생각해도 게임에는 문제가 없어 보였다. 고민하는 시간이 길어질 무렵, 승기 어머니로부터 전화가 왔다. 간단한 인사말을 주고받은 뒤 어머니는 승기 대신 사과의 말을 전했다. 그런데 승기 어머니는 주저하며 전화를 못 끊다가 뜻밖에 이런 말을 꺼냈다.

"선생님, 첨언할 부분이 있는데 이 얘기를 너무 오랜만에 꺼내서 어떻게 에둘러 표현할지 모르겠어요. 직접적으로 이야기하자면 승기는 소위 '분노 조절 장애'라고 불리는 장애가 있어요. 원래는 한 선생님과 동행해야 하는데 아이들 시선도 있고 약 기운도 아직 돌 시간이라서 그냥 보냈더니 이런 상황이 생겼네요. 죄송합니다. 제 불찰이에요.

선생님이 잘해주시겠지만 한 가지만 부탁드리자면 승기는 경쟁적인 상황에 가장 예민해요. 게임 같은 활동이 다른 아이에겐 재미있는 상황일지 모르겠지만 승기는 그런 데서조차 분노를 느끼더라구요. 자신이 이겨야 한다는 생각에서 오는 분노예요. 저도 아직 노력하고 있는 부분이라, 경쟁적인

우리를 망치러 온 우리 '몸'의 구원자

상황만 줄여서 진행해주시면 감사하겠습니다."

아, 경쟁적인 상황. 이 게임이 그랬던가? 그 경쟁은 소위
교육학적 동기를 불러일으키는 경쟁 아니었나? 그러고 보니
행맨을 진행할 때 학생들은 모두 내 앞에서 너도나도 단어를
맞히려고 손을 들며 자기 이름을 말한다. 그리고 나는 학생들
의 이름을 무작위로 부르고 정답을 맞히는 학생을 칭찬한다.
그때 나는 교실 '앞'에서 지식을 내세워 학생들이 단어를 맞
히도록 유도하고, 학생들은 교실 '뒤'에서 '앞'을 바라보며
각자 포인트를 쌓는 일종의 싸움을 시작한다. 그리고 그 싸움
은 선생님에게 자기 이름을 불려 정답을 맞히면 이기는 싸움
이다. 승기는 거기서 화가 난 것이다. 선생님이 한 사람의 이
름을 자주 불러주고, 그 친구가 포인트를 더 많이 얻어서.

전화를 끊고 생각이 많아진 나는 이 게임을 어떻게 '페미
니스트 페다고지'적으로 바꾸고 평등한 교실을 만들 수 있을
지 하나씩 해체해보기 시작했다. 먼저 안 그래도 조금 거슬렸
던 행맨이라는 이름이 완전히 마음에 안 들었다. '행(hang)'은
사람을 매단다는 잔인한 의미이고 '맨(man)'은 남성을 기본으
로 하는 사람을 의미한다. 그러면 어떻게 바꿀 수 있을까? 이
는 교육자인 내가 정하기보다 프레이리가 강조한 '대화'를

통해 바꾸어보자고 생각했다.

프레이리는 학생들이 지식을 돈처럼 저금하고, 교사는 권력을 쥔 자본가처럼 보이는 교육을 은행 저금식 교육이라고 불렀다.[8] 나는 은행에 저금하듯 포인트가 쌓이는 게임 방식을 바꾸기 위해 프레이리가 대안으로 제시한 문제 제기식 교육의 한 방법인 대화를 시도했다. 프레이리에게 대화란 학습자의 삶과 가치를 대표하는 어휘, 즉 생성적 단어를 추출하고 이를 사용해 말을 건네는 방식이다. 학생들에게 이 게임의 이름을 무엇으로 바꾸는 게 좋을지 한번 물어보기로 했다. 그래야 비로소 우리가 다룰 게임에 관한 생성적 단어가 추출될 것 같았다.

두 번째로 이 게임의 진행 방식을 바꾸어야 했다. 이 게임은 학생들이 내게서 포인트를 얻는, 그러니까 나의 권력을 드러내는 방식으로 진행된다. 그러고 보니 학생들은 항상 내게 "제가 (문제를) 낼래요!"라는 말을 많이 했다. 그럴 때마다 나는 학생들이 '제대로' 단어를 기억하지 못할까 봐 안 된다고 했다. 그 사실을 깨달은 순간 나는 반성했다. 아이들에게 칠판 '앞'으로 '몸'이 나오고 자신의 지식에 책임감을 지니도록 하는 힘을 북돋워주지 못했다는 생각이 들었다. 페미니스트

　　　　　　　　우리를 망치러 온 우리 '몸'의 구원자

페다고지의 핵심 주제는 '임파워링(empowering)'이라고 생각한다. 그리고 무언의 주체들에게 힘을 부여하는 일이 임파워먼트의 핵심이다. 교실에 무엇이 있는지는 빤히 보이지만 무엇이 없는지는 놓치기가 참 쉽다. 그 '입 없는 타자'들이 바로 학생들이었다는 사실, 내가 그동안 신성불가침한 교탁 위에서 지식을 뽐내기만 했다는 사실을 알았을 때 나는 내 교실에 부재한 게 무엇인지 알아차렸고 창피함을 느꼈다. 물론 영어 교실에서는 영어를 배우는 것이 중요하다. 하지만 동시에 영어에 다가가는 방법도 나에겐 중요했다. 앙상한 의미만이 전달되는 게임이 과연 모두를 위한 게임일지 이제는 의문이 들었기 때문이다.

확립된 궤도에서 탈선해 방식을 재정립한다는 것은 역시 시간적 비용이 드는 법이었다. 다음 시간이 다가왔고 학생들과 행맨 게임의 이름과 방법에 대해 오랫동안 끈질긴 대화를 나눴다. 먼저 게임의 이름이 잔인하고 남성 중심적이라는 사실을 학생들에게 알렸다. 교수대에 사람을 매다는 그림을 계속 그리는 일이 어떤 아이들에게는 재미를 주었지만, 다른 아이들에게는 거슬리기도 했다는 사실을 발견했다. 그림을 바꾸자는 의견이 자연스레 나왔고, 나는 'man'으로 초점을 옮겨갔다. 학생들 가운데는 'man' 말곤 사람을 의미하는 영단어를 모르는 경우가 많았다. 다시 말해, 내가 'person'이란 단어를 말했을 때 그 표현을 모르는 학생이 더 많았다. 이 친구들에게는 이제껏 남자를 의미하는 'man'만이 사람을 뜻했던 것이다. 사람을 의미하는 성(性) 중립적인 단어 하나를 더 알려주는 것만으로도 그 대화가 내겐 가치 있는 일이었다. 더 이야기가 깊어지니 여학생들은 이름을 바꾸자는 의견을 적극적으로 내세웠고, 남학생들 역시 남성(man)이 계속 매달리게(hang)되는 게임을 달갑게 생각하지 않았다. 게임을 지칭하는 단어가 불편하다는 의식에 불이 켜진 우리는 본격적으로 그 게임을 바꾸고자 치열해졌다. 다양한 게임 이름이 등장했다. '푸핑(pooping)', '다이빙(diving)' 등 다양한 의견이 오고 갔고(일부 학생은 사람이 다이빙하는 그림도 행맨과 똑같이 잔인해 보일 수 있다고 했다. "칠판 밑은 결국 바닥이지 않냐"면서 말이다!) 의견을 내는 학생은 그림을 어떻게 그릴지 칠판에 나와 직접 설명했다.

그러던 중 한 학생이 당당하게 나와서 '사커(soccer)'는 어떠냐고 했다. 나는 오랜만에 등장한 중립적이고 신선한 의견에 귀가 솔깃해 그렇게 이름 지은 이유를 말하고 그림도 함께 그려줄 수 있냐고 물었다. 그 학생은 다 같이 축구를 하듯, 단

우리를 망치러 온 우리 '몸'의 구원자

어를 맞추는 게임도 결국 단어에 골인하기 위해 알파벳이라는 공을 계속 집어넣는 과정이라고 생각했다며 그림을 설명했다. 그리고 행맨을 하면서 단어가 너무 어려워 학생들에게 기회를 다시 줄 때 나는 종종 교수대를 하나 더 그리곤 했는데 이러한 '기회 다시 주기'는 골대를 하나 더 그리면 된다고 첨언했다.

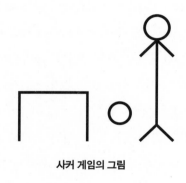

사커 게임의 그림

나는 설명을 다 듣자마자 이런 천재적인 생각은 어떻게 했냐며 호들갑을 떨었고, 그 학생은 간단하다는 듯 말했다. "제가 축구를 좋아하거든요!" 대화가 즐거워진 우리는 '스리 타임스 룰(3 times rule)'[9]이라고 해서 한 번 이야기한 사람은 세 명이 발언하고 나서야 다시 발언권을 지니게 되어 똑같은 사람이 계속해서 말하지 않도록 하는 규칙도 함께 마련했다.

또 우리는 학생들이 번갈아가면서 문제를 내는 방식을 택하기로 했다. 교실에 있는 모두가 몸을 움직여 칠판 앞에 나와서 자신이 배운 지식을 가르치는 것이다. 학생들은 자기가 가르치는 차례가 찾아올 것이라 믿기 때문에 불안해지지 않고, 나는 학생들과 함께 앉아서 고민에 동참한다. 게임 방식을 바꾼 뒤 촉진자(facilitator)로서 존재하게 된 나는 교탁 앞에 서 있기보다 둥글게 배치한 책상에서 학생들과 동등하게 앉아 있게 됐다. 고정된 앞과 뒤라는 위치성이 사라진 교실에서 아이들 사이에 모자이크처럼 섞여 앉아 있다 보니 새롭게 보이는 것이 많았다.

한번은 내 옆에 있던 어린이가 다른 어린이와 티격태격하는 모습을 보았는데, 이들이 싸우는 이유는 한 그림 때문이었다. 나는 이유를 물었고, 어린이들은 그림 속 사람이 머리가 짧은데 주어를 'she'라고 해야 할지 'he'라고 해야 할지 모르겠다고 했다. 나도 내가 지닌 편견을 벗어나지 못해 'he'라고 대답하려던 찰나, 내 옆에 있던 어린이가 "바보야, 선생님이랑 머리가 제법 비슷해. 여자라니까?"라고 했다. 이렇듯 나도 어린이들에게 배우는 것이 있었다. 우리는 서로 가르침을 주

우리를 망치러 온 우리 '몸'의 구원자

고받았다. 그리고 가르침과 배움에 서로가 책임을 지는 모습을 보였다. 누구든 틀릴 수 있다는 가능성을 두고 계속 수정할 용기를 지니게 하는 교실은 먼 곳에 존재하지 않았다.

물론 현재 나의 교실이 완벽하다고 생각하지는 않는다. 그러나 나는 이곳에서 페미니스트 페다고지의 끈기 있는 확립과 재확립의 가능성을 보았다.[10] 모두가 동등한 접근성을 지니고 정체성을 찾아 스스로를 위치 지어보고 대화에 나서보는 일, 차이점만을 내세워 서로를 경쟁 상대로 보는 것이 아니라 서로의 것을 배우고 서로에게 어떤 논의가 필요한지 이야기해보는 일, 당사자의 말을 듣고 당사자를 이해하며 그가 왜 이러한 당사자성을 내세웠어야만 했는지 들어보는 일, 이를 잊었던 자신의 경험과 연결시켜 경험을 재정의해보는 일, 서로가 서로의 리더가 되어 교실을 넘어 사회에서는 어떤 논의로 연결할 수 있을지 적극적으로 사유해보는 일, 그렇게 생긴 '다층적 목소리'[11]가 더 크게 들리도록 서로에게 힘을 실어주는 일. 이 모두를 두고 우리는 페미니스트 페다고지라고 부른다. 내가 좋아하는 작가 토니 모리슨(Toni Morrison)의 작품《빌러비드(Beloved)》에는 이런 말이 나온다. "우리에겐 누구보다 많은 어제가 있어, 이젠 무엇이 되었든 내일이 필요해."

나는 그 '내일'의 희망을 페미니스트 페다고지에서 찾고 있
다. 그리고 이 글을 읽는 누군가도 나처럼 그 희망을 페미니
스트 페다고지에서 찾을 수 있길 바란다. 한 번의 이벤트에
그치지 않고, 일상에서. 페미니스트 페다고지의 힘을 끊임없
이 되새기면서 말이다.

　　　　　　　　　　　우리를 망치러 온 우리 '몸'의 구원자

"나에게 교실은 두려운 놀이터이자 일터였고,
조용한 시위의 현장이었으며,
도래하지 않은 세상을 살게 하는 일상이었다."

오늘의 교실을 위한
모두의 길

김은지

제 얘기는 평범해서 재미없을 텐데요

'화장실에 가도 돼요?'처럼 허락을 구할 때는 'May I……?'
라고 영어 시간에 배웠다. 한국어 교실도 크게 다르지 않다.
'점심으로 떡볶이를 먹을까요?'하고 제안할 때는 '-(으)ㄹ까
요?'가 유용하다고 배운다. '저희는 수제비를 먹기로 했어
요'같이 결심한 것을 이야기할 때는 '-기로 하다'를 쓸 수 있
다. '그냥 김밥을 먹을 걸 그랬어요'처럼 가벼운 아쉬움이나
뉘우침을 나타낼 때는 '-(으)ㄹ걸 그랬다'가 자주 쓰인다.

한국어 수업 교안을 쓰다가 딴생각에 빠진다. 차별에 유용한 문법으로는 어떤 항목들을 추려볼 수 있을까? 벌써 여럿이 떠오른다. '-아야/어야 하다'(남자는 조신해야 한다), '-(으)면 안 되다'(여자는 울면 안 된다), '-(으)ㄹ 수 없다'(어린이는 입장할 수 없다), '-답다'(학생답지 못하게), ……. 사실 제일 먼저 떠오른 것은 '이/가'였다. 내 생애 두 번째 자전거를 사러 갔던 어린 시절의 어느 날이 떠올랐기 때문이다.

엄마 아빠와 엄마 아빠보다도 나를 더 예뻐해주는 이모들이 4살짜리 나를 데리고 자전거 가게에 갔다. '나도 이제 두발자전거를 갖게 된다'는 설렘과 '저 커다란 자전거들이 어떻게 천장에 매달려 있는 것인지'에 대한 충격이 아직도 선명하다.

"저거 한번 타볼래?"

그 말만 기다리고 있었다! 물어봐준 것은 큰이모였던 것 같다. 형광색 구슬들이 바큇살에 박힌 그 자전거가 나는 몹시 마음에 들었고 망설임 없이 올라탔다. 안장에 앉아서 페달에 겨우 발에 닿을 정도였으니 거의 기어 올라갔을 텐데 어떻게 올라갔는지는 모르겠다. 기억나는 것은 "이야! 여자애가 당돌하네, 부끄럼도 없어" 하던 자전거 아저씨의 엄지 척.

네 살은 그게 무슨 말인진 몰랐지만 아저씨의 엄지도 눈썹도 위로 올라갔고, 내가 좋아하는 어른들이 하하하 웃었고, 그러니까 칭찬이 분명하다고 생각했다. 두 번째 확신도 이어졌다. '여자애들은 원래 안 이런가 보다. 아무튼 나는 이제 아가들이나 타는 세발자전거와는 안녕이다.' 머지않아 보조바퀴까지 떼고 달릴 상상을 하자니 대충 당돌한 기분이 드는 것도 같던 그 아이는 자전거 위에서 떡볶이도 잘 먹는 평범한 어린이가 된다.

얼마나 평범했느냐 하면, 나는 김씨였다. 유치원에서는 김씨라서 김밥, 김치라고 불려본 흔한 김 아무개. 초등학교에서는 나를 괴롭히지 말라고, 내 친구를 놀리지 말라고 말할 줄 알아서 '조폭 마누라' 소리를 듣던 평범한 여자애. 한국어를 10년쯤 배웠지만 싫은 것을 싫다고 말하는 여자애를 조폭 마누라 외에 달리 뭐라고 불러야 할지 모르던 흔한 남자애들이나 동료 조직원들과 경찰과 도둑*을 하며 뛰어다니던 어린이. 칭찬을 들으면 기분이 좋았던 평범한 어린이. "여자애가 씩씩하네", "여자애가 이런 것도 잘하네" 소리를 들으면 일단

---

* 술래잡기의 일종. 같은 계열의 놀이로 얼음땡·탈출·이오십·쏘닉 등이 있었다.

우쭐하던 여자애. '다른 여자애들은 이런 걸 못 하나? 난 다른 여자애들보다 멋진 건가? 여자애 같다는 건 약하거나 나쁜 거구나. 여자애들은 시시해!' 차근차근 여성혐오를, 차곡차곡 자기혐오를 쌓아가며 스스로를 가두는 줄은 꿈에도 모르는, 어디에나 있는 여자애.

자라면서 '여자가/남자가/어린애가/학생이 (말이야)' 등으로 시작하는 말들에 대한 의심도 무럭무럭 자라났지만, 내가 좋아하던 어른들에게서 나는 저 수상쩍은 말들을 용서하는 법을 배웠다. '옛날 사람이라서 그래', '여기가 시골이라서 그래', '원래 좀 이상한 사람이잖아' 정도면 웬만한 말들로부터 덜 상처받을 수 있었다.

그런 건 다 옛날 얘기라면서요

그런데 성인이 되어 서울에서 훨씬 덜 옛날을 살게 된 나는 어찌 된 일인지 더한 옛날 말들 속에 살았다. "여자애가 예의 없이 왜 화장을 안 하느냐"거나 "바지를 입어도 다리를 모으고 앉으라"며 핀잔주던 유쾌한 선배들을, 성적이 나오자 내게 "너 그거 저번에 치마 입고 맨 앞에 앉아서 A+ 받은 거"라던 동기를, 남자 엠티에서 내 이름도 얘기됐다며 히죽대며 전해주던 녀석을, 유학생의 한국어 발음을 흉내 내며 시시덕거리던 강의실의 그 세 명을, 여자 직업으로'는' 괜찮다며 특정 진로를 추천해주시는 교수님을, 자리에 없는 서로의 여자 친구를 성희롱하며 우정을 쌓던 좋은 오빠들을, "쟤 봉씌먹 가능?"이라며 신조어 사용을 재수 없이 들킨 그 선배들을, "나 원래 전라도랑 안 노는데 넌 좀 다르다"며 너스레를 떨던 세련된 그 애를, 아르바이트 첫날에 "스물셋이면 너도 여자로다 끝났으니 얼른 한 놈 물라"며 따뜻하게 조언하던 젊은 백화점 관리자를, …… 젊거나 멋지거나 '서울 사람'인 그들을 몽땅 이상하고 촌스러운 옛날 사람으로 처리하려니 그동안 내 정신 건강을 돌봐주던 용서 공장에 과부하가 왔다.

어른들이 "그런 건 다 옛날 얘기니까 신경 쓰지 말라"고, "좋은 세상에서 열심히 공부해서 훌륭한 사람이 되라"고 하셨는데. 세상이 어른들에게 배운 것과 많이 달랐으니, 나는 훌륭한 사람은 못 되고 불편한 사람이 되어버렸다. 매번 이름 붙이기도 바쁜 촘촘한 차별이 널려 있었고, 모든 생명이 아니라 어떤 생명만 소중했으며, 질서를 지키라더니 어른들은 무서운 법도 아무렇지 않게 어기더라. 틀린 문제는 오답노트에 적어서 실수한 부분을 확실하게 파악하고 다시는 반복하지 말라더니, 지겨우니까 이제 그만하라더라. 다 지난 옛날 얘기라던 것들은 온통 지금 여기에 있었다.

의심을 좇다 보니 세상이 아직도 여성들의 말하기를 가만두지 않는다는 것을 알아버렸다. 재수가 없었던 너만의 일이고, 네 잘못이고, 네가 예민한 것이니 그만 시끄럽게 하고 전처럼 '사이좋게' 지내라는 말들은 더 이상 어제를 살고 싶지 않은 이들을 슬프게 했으나 멈추지는 못했다. 제 돈 쓰고 제 발로 와놓고 어리둥절해하던 여자들 틈에서 나도 같이 삐걱대면서 페미니스트라는 새로운 자기소개를 배웠다.

그렇게 만난 페미니즘은 이상하게 웃긴 데가 있었다. 여성도 사람이라는 당연한 소리를 전 세계에서 이렇게 오랫동안 다양하게 해왔다니. 그 배움의 순서도 영 이상해서, 손 놓고 달리는 자전거 위에서 자전거 타기 교본을 읽는 것 같았다. 처음 보는 단어·개념·이론이 내 몸의 기억에 자석처럼 달라붙었다. 공식을 몰라도 나의 삶에 유도 과정과 예문이 가득했다. 가족·친구·이웃·조상의 역사에 알록달록한 이름표를 척척 붙여가며 신나고 괴로웠다.

수많은 페미니스트의 말과 글에서 어느 하나 여성인 내 짧은 삶과 유리된 문장이 없었으니 밑줄 긋기나 받아 적기는 번번이 포기했다. 나만이 아니라 모두의 역사였다는 데 슬퍼하고, 이 불편과 고통마다 이름과 이유가 있다는 것에 환호하고, 그 뒤의 거대한 구조에 좌절했다. 살아 있거나 죽어 있는 페미니스트들이 어떻게 자신을 지키고 서로를 돌봤는지 배웠다. 나를 억압한 폭력과 내가 이용한 폭력을 마주할 용기를 공부했다. 우리에게는 그에 맞설 힘과 근거가 있다는 것을 단단히 암기했다. '여성'에서 출발한 고민은 수많은 질문을 거쳐 '권력'과 '관계'라는 키워드로 수렴했다. 여성에게 꽂히는 수많은 질문에 답하는 법이 아니라 되묻는 법을 익혔다. 무엇보다 그 모든 시간 동안 여성을, '우리'를 끝없이 확장할 수 있는 상상력을 얻었다.

부끄럽고 불편한 글쓰기 선생님

그러다가 2017년부터는 '글쓰기 선생님'이라는 새로운 자기소개를 시작했다. 아동·청소년 대상의 교육 기관에 예술 강

043   오늘의 교실을 위한 모두의 길

사를 파견하는 서울시 사업에 참여하게 되면서 다양한 영역에서 활동하는 예술가들과 예술교육 프로그램을 기획·개발하여 운영했다. 주로 초·중·고등학교와 지역아동센터, 돌봄교실, 대안학교 등에서 학생들을 만났다.

교실에서 보내는 시간이 늘어갈수록 생각도 복잡해졌다. 세심한 담당 주무관은 업무 중 고충이 생기면 언제든지 본인에게 연락을 달라고 했지만, 나는 어째서 저 40대의 기관 담당자가 8세 학생에게 "여자애가 왜 다리를 벌리고 앉아 있냐"는 소리를 뱉어대는지를 주무관에게 따질 순 없었다. 분홍색 색연필로 눈사람 좀 그렸다는 이유로 "남자가 무슨 분홍색이냐"며 친구를 따돌리는 11세들 사이에 내가 얼마만큼 개입해도 되는 건지 물을 수도 없었다. 오늘의 교실에도 퀴퀴한 옛날 말들이 가득했다.

교실에서는 거의 유일한 성인으로서 '어른'인 척해야 하는 순간이 많았고 나는 자주 아무렇지 않은 표정을 지었다. 하지만 초등학교 2학년 학생에게 "여자들은 다 마녀니까 불태워야 한다"는 말을 듣거나, 고등학교 2학년 학생에게 왜 친구를 '장애년'이라고 부르느냐고 묻자 "쌤도 꼴페미냐"는 말을 들었던 날들에도 아무렇지 않았던 것은 아니다. 나를 향하지 않으면서 나에게 깊은 내상을 입힌 말들도 있었다. 물어보지도 않은 장래희망을 내게 열 가지도 넘게 좋알좋알 나열하다가, "근데요 저요 다문화라서요, 안 될걸요?" 하며 낭창하게 올려다보던 그 9살 어린이에게 나는 어떤 얼굴을 해야 했을까.

내 안에 더 오래 남은 것은 상처가 아니라 의문이다. 기관에서 교육 일정이나 프로그램이 변경될 때, 어린 학생들에게는 왜 변경 사항을 제대로 안내하지 않는 걸까? 어차피 어린이들은 항상 기관에 나와 있고, 누군가 와서 수업을 하고 떠나버리는 건 언제나 똑같으니까 아무래도 상관이 없는 걸까? 어느 날 어떤 선생님은 "선생님, 잠시만요" 하고 정중히 양해를 구하며 내 앞을 지나간 다음 어린이들의 몸은 말없이 밀고 당겨서 지나갔다. 그동안의 나는 얼마나 달랐을까. 한편 내가 출강했던 프로그램들은 그 특성상 어찌 됐든 눈에 보이는 결과물이 나와야 할 때가 많았는데, 담당자가 학생들에게 "이거다 쓰고 가", "한 장 꽉 채워라" 하는 으름장으로 나를 도와줄 때도 의문이 더해졌다. 일기든 영화 감상문이든 글을 써서 나에게 제출하라는 것은 '네 이야기를 꺼내보라'는 소리다. 기관의 외부인인 내가 학생들에게 '너 오늘 이 빈칸만큼의 솔직한 얘기를 해보라'고 요구하는 자리는 매번 어려웠다.

오늘의 교실을 위한 모두의 길

퇴근길마다 '아까 내가 어떻게 해야 했을까' 하는 질문이 나를 따라다녔다. 교실을 돌아보는 일에는 생각보다 많은 용기와 시간이 필요해서, 버스를 타는 대신 걷고 싶은 날이 늘었다. 노동자로서 일터에서 덜 불편하고 싶고 교사로서 학생들 앞에서 덜 부끄럽고 싶은 마음이 발걸음을 더 무겁게 했다. 학생들의 교실과 나의 일상을 더 나은 곳으로 만들기 위해서 뭐든지 해보고 싶다가도 아무것도 하고 싶지 않았다. 마음 안팎에서 들려오는 소리를 원망하며 걷다가 이 감각이 어디서 왔는지를 따라가게 되었다. 사회적 소수자로서의 내 경험과 페미니즘이 쥐여준 상상력이 없었다면 교실의 공기를 읽어내는 이 감각이 훨씬 무뎠겠지. 그리고 나는 이미 나를 글쓰기 교사라고 소개해버렸다. 언어를 쓰는 우리에게는 언어를 다시 만들 수 있는 힘, 그러니까 사회를 재구성할 수 있는 힘이 있다[1]는 것을 모른 척할 수 없는 나는 글쓰기 교사였다. 잘 쓰려고 하지 않아도 된다고, '글'보다 '쓰기'가 큰 것이니 그 쓰기를 위해 스스로를 들여다보려는 노력이 가장 중요하다고 했던 내 말에 나는 멱살을 잡혀 언덕을 넘었다.

일단 첫 시간마다 모든 것이 우리 수업의 재료가 될 수 있다고 말해둔 나에게 고마워하며 중고생들과 페미니즘·노동·

폭력 등의 키워드를 좀 더 직접적으로 다루려 시도했다. 그렇게 수업 시간에 발견했거나 발생한 이슈를 통해 교실과 세상을 연결하는 데 집중했다. 중고생 대상의 교육 계획안 어딘가에 '인권'이라는 단어를 미리 끼워놓은 덕분에 기관의 선생님들로부터 수업 시간에 활용할 좋은 작품이나 아이디어를 공유받을 수도 있었다. 학생들과 다양하고 깊은 경험들을 나누려다 보니, 일단 '외부'의 '어른'인 나를 학생들에게 여러 측면으로 소개하고 충분한 관계를 쌓는 일에 공들이게 되었다. 이런 과정도 없이 "꼴페미가 어떤 사람이라고 생각하느냐"고 되물을 수는 없었다.

여러 시도는 내 시행착오와 학생들의 참여를 통해 수업의 재료나 활동 자체가 되었다. 유쾌한 아이스 브레이킹 정도를 기대하며 고안했던 칭찬 스피드 게임이 서로를 비교하거나 틀에 가두지 않는 칭찬의 언어를 발굴하는 활동으로 발전하기도 했다. 한 여자중학교에서 이 칭찬이 과연 칭찬인지, 무엇 또는 누구에게 기준을 둔 칭찬인지를 물고 늘어진 대화는 여성에게 가해지는 이중 잣대들에 대한 이야기로 뻗어나갔다. 그 잣대들을 마주 본 후에도 우리 안에 남아 있는 부끄럽고 우습고 자랑스러운 욕망을 말과 글을 통해 펼쳐 보이며 감정을 나누었던 시간은 강사로서의 나, 동료 시민 여성으로서의 나에게도 소중하게 남았다.

그런데 새 프로그램으로 초등 저학년과 만나게 되면서 다시 곤란해졌다. 이제 막 문장을 어렵지 않게 읽기 시작한 학생들에게 '《사씨남정기》의 여성이 어떻다'거나 '혐오와 권력이 어떻다'는 이야기를 그대로 하기는 어려웠다. 그러면 게임이나 미술 활동이 주가 되는 시간에는 할 수 있는 이야기가 없는 건가? 수학이나 음악 교실에서도 페미니즘적 실천을 이어나갈 수는 없을까? 페미니즘이 수업의 내용이나 소재가 아닐 때도 페미니즘에 반하지 않는 배움의 공간을 가꾸려는 노력을 어떻게 할 수 있을까? 민주주의를 직접 가르치지 않아도 민주적인 교실을 만들어볼 수 있는 것처럼, 페미니즘적 시공간과 경험을 교실에 마련해보고 싶었다. 하지만 나는 무엇을 어떻게 해야 할지 몰랐고, 자주 망했다.

싸우자! 무엇과?

망한 기억 중 하나가 A기관에서의 동화책 만들기 프로그램이다. 해당 프로그램을 처음으로 진행한 곳은 한 초등학교의 돌봄교실이었는데, 첫 출강이었지만 모든 것이 순조로웠다. 담당 교사는 사전 안내와 소통에 세심하게 신경 써주는 분이었고, 소수의 학생들이 아직 한글 쓰기를 힘들어한다는 점 외에는 특이 사항이 없었다. 출강 2주 차쯤이었을까. 사무실로 돌아가는 길에 동료 강사와 나는 이 애들이 우리를 몇 번이나 봤다고 이렇게 좋아해주냐며 웃음을 나누었다.

그 학급은 갑자기 나타난 거미 괴물이 미세먼지를 뿜어내자 이에 분노한 영웅(학생)들이 악당을 물리치는 이야기를 완성했다. 각자가 만들어낸 영웅이 가진 능력에 대해 발표하던 날, 학생들은 앞 친구가 말한 것보다 더 대단한 것을 말하고 싶어서 야단이 났다. 적극적으로 참여하는 학생들을 보면 언제나 고맙고 기쁘지만, 학생들이 본인의 무기(불공·번개총·검·펀치·독 등)가 얼마나 강력하고 얼마나 많은 것을 한 번에 파괴할 수 있는지, 악당을 어떻게 단숨에 죽여버리는지를 내게 경쟁적으로 소리치던 순간에 나는 몰래 혼란스러웠다. 흥분한 학생들의 장단에 맞춰 반응하는 것이 새삼스레 버거웠다.

그렇게 혼란과 행복을 오가며 정신없이 두 달여가 흘렀고, 드디어 인쇄 업체에서 보낸 택배가 도착했다. 완성된 책을 가

오늘의 교실을 위한 모두의 길

지고 A기관에 마지막 강의를 나갔고 학생들의 반응은 끝내줬다. 모든 페이지에 본인과 친구들이 직접 만들고 그린 가면과 그림, 얼굴 사진까지 나오는 하드커버 책을 손에 넣자 안 그래도 명랑하던 학생들은 신이 나서 날뛰었다. 학생들을 자리에 앉히느라 애를 먹었다. 그렇게나 좋아하는 모습에 뿌듯한 마음이 드는 것은 잠깐이었다. 이제 돌아가면서 본인이 담당했던 페이지를 소리 내어 읽어보자고 하자, 모두 거짓말처럼 얼굴이 붉어져서는 책 속에 얼굴을 숨겼다. 좀 전의 목청은 어디 가고 모기 같은 소리로 한 자 한 자 읽었다. 학생들이 천천히 또박또박 읽었다. '공격했어요', '쓰러졌어요', '펀치로 눕혔어요', '독을 쐈어요'. 거의 모든 페이지의 마지막 문장이 그렇게 끝났으니, 그 동화책은 거미 괴물이 쓰러짐과 동시에 끝이 났다. 이번에는 내가 부끄러웠다. 계속 이런 식이라면 이 프로그램의 계획안은 거짓이 될 터였다.

이후 같은 프로그램을 다른 기관에서 진행할 때는 지난번과 같은 일이 벌어지지 않도록 애를 썼다. 그런데 나름대로 공부를 하고 준비해가더라도, 등장인물들을 선악구도에 앉혀놓고 싸움을 붙여서 뚝딱 끝을 내버리는 서사를 요리조리 피해가며 학생들과 이야기 조각을 모으는 것이 쉽지 않았다. 항상 '착한 놈' 편인 학생들은 '나쁜 놈'이 죽는 결말을 향해 직선거리로 달려갔다. 특히 똥·귀신·괴물에 대한 어린 학생들의 열정이 엄청나기 때문에, 나는 어딜 가나 그 3종 세트를 물리치느라 정신이 없었다.

A기관에서의 프로그램이 진작 종료되어 다시는 그 학생들을 만날 수 없게 되었을 때, 어느 날 퇴근길에서 생각했다. 학생들이 미세먼지 거미 괴물을 한 번에 죽이는 데 몰두하고 있을 때 내가 물리치려 했던 것은 단순히 잔인하거나 폭력적인 것이 아니었다. 다른 교실에서 반복하고 싶지 않았던 것은 생각하기를 포기하는 습관이었다. 물리치고 싶었던 것은 '나'와 다른 어떤 것, 내가 모르는 어떤 존재를 더럽고 나쁜 것으로 간편하게 몰아넣는 구조였다. 같이 부수고 싶었던 구조를 재현하고, 함께 경계하고 싶었던 습관을 재생산하는 시간을 '사고력을 기르는' 글쓰기 수업이라거나 '상상력이 자라는' 예술교육이라는 계획안으로 홍보할 순 없었다.

그 생각에 닿은 후의 출강 이야기이다. 학생들과 처음으로 만나는 날에 대개 나는 아주 시시콜콜한 것들에 대해 말하는 것을 즐긴다. 특히 초등학생들을 만날 때는 이 시간에 힘을 들일수록 그만큼 빠르게 학급을 파악하여 관계를 형성할 수

오늘의 교실을 위한 모두의 길

있었고 무엇보다 그 과정이 즐거웠다. 이때 좋아하는 '음식'이 무엇이냐는 질문에 첫 번째 학생이 사과라고 답하면 그 교실은 온통 과일로 끝이 나지만, 첫 번째 학생이 곱창이라고 답하면 그날은 광어 초밥이나 오이냉국도 들어볼 수 있게 되는 것이다. 그날 B기관에서는 무서워하는 것에 대해 이야기하고 있었는데, 시작이 슬렌더 맨*이었으므로 온갖 귀신 종류가 총출동하는 중이었다. 그런데 '무서워하는 것'에 대한 시간마다 미세먼지 거미 괴물 때와 비슷한 일이 되풀이되었다. 그래서 하루는 괜히 말을 좀 덧붙여보았다.

"어른이 되면 귀신이 안 무서울 것 같다고 했죠. 혹시 어른이 되기 전에도 덜 무서워할 수 있는 방법은 없을까요?"

죽이자는 의견, 이미 죽었으니 소용없다는 반박, 본인은 교회에 다니니까 십자가로 찌르면 된다는 학생.

"여러분, 오늘은 우리가 더 오래 많은 이야기를 할 수 있도록 없애거나, 죽이거나, 총칼로 아프게 하는 것은 빼면 어떤가요?"

* 미국의 도시 괴담에 등장하는 괴생물체 또는 귀신. 이목구비가 없고 깡마른 몸에 양복을 입었으며, 많은 팔다리나 촉수를 가진 모습으로 등장하기도 한다.

누군가 똥을 먹이는 것도 빼자고 한다. 바라던 바다.

"너무 좋다! 그럼 슬렌더 맨, 빨간 마스크, 도깨비, 이런 것들을 어떻게 하면 덜 무서워하죠?"

"저 1학년 때는 무서웠는데요, 이제 안 무섭다요? 유튜브에서 봤는데요 도깨비가요 원래 나쁜 거 아니래요, 장난치는 거 좋아한대요."

"저도 책에서 읽었어요! 또 도깨비는 무엇을 좋아할까요? 그리고 다른 귀신들과는 어떻게 장난칠 수 있을까요?"

'어떻게 같이 놀 수 있을지, 같이 할 수 있는 게임에는 무엇이 있는지 물어볼 수도 있겠구나' 생각하자 문제 해결을 '제거'라는 틀에 가둬놓은 것도 나였겠다는 생각이 들었다. 내가 던진 조금 다른 질문, 학생이 불붙인 아이디어, 그리고 모두의 에너지로 B기관에서는 학생들이 평소에 무서워하던 귀신을 만났을 때 같이 놀거나 장난을 치고 돌아오는 이세계(異世界) 방문 이야기가 탄생했다. 학생들은 꼬리가 여럿인 구미호와는 꼬리잡기 놀이를 하면 딱 좋겠다고 했다. 어린이들의 눈알을 빼먹는 슬렌더맨에게는 눈깔사탕을, 빨간마스크에게는 마스크를 100장이나 던져주어 헷갈리게 장난을 치기로 했다. 튼튼한 '빤스'와 우주선을 가진 도깨비는 무려 우리 편이다. 이렇게 하면 어떻냐며 친구의 아이디어를 같이 발전시키기도 했다. 약간의 제한을 걸고 질문을 바꾸었더니 오히려 아이디어와 웃음이 쏟아지는구나.

C기관에서는 원성이 자자했던 날이 있었다. 손은 열심히 그림을 그리고 있는데 수업 시간이라고 해서 왜 조용히 해야 하는 것이냐, 왜 어른들만 말을 하냐는 것이었다. 다른 어느 날 어른들이 곤충이나 공룡에 대해서는 어린이들보다 아는 게 적은 것 같다는 쪽으로 학생들의 의견이 모였고, 어린이들이 각 곤충이나 동물의 박사님이 되어보는 활동으로 이어져 동물사전이 만들어졌다. 그 외에도 선물을 마련하는 이야기, 모험 이야기, 마음을 돌보는 법을 알려주는 책 등이 완성될 수 있었다.

이후 괴물 없이도 훨씬 다채로운 이야기의 동화책들이 탄생할 수 있었지만 괴물을 끝까지 막아내지는 못했다. 하지만 D기관에서 출현한 색깔 괴물은 잘못을 저지르게 된 사연과 자기의 삶을 가지고 있었다. 그는 후반부에서 눈물의 사죄를 통해 학생들로부터 용서를 받고 자기 별로 돌아갈 수 있도록 도움도 받는다. 다른 교실에서도 또 괴물이 등장하고 말았다면 이 괴물은 무엇을 좋아하고 무서워하는지, 가족은 없는지,

그에게는 무슨 일이 있었는지, 우리와 어떤 부분에서 비슷할지, 우리가 궁금해하거나 무서워하는 점은 정확히 무엇인지 이야기하는 데 시간을 많이 할애했다. 좀 다른 괴물에 대해 이야기하는 교실에서는 분명히 다른 질문들이 떠다녔다. 다른 질문들이 다른 괴물을 만들어냈다고 말할 수도 있겠다.

딱딱한 단어를 사용하지 않고도 초등학생들과 세상의 틀에 질문을 던질 수 있다는 가능성을 경험하자 크고 작은 용기가 새어 나왔다. 권력에 대해 공부하다가 '수평어' 사용의 중요성에 동감하며 상호 반말을 시도했는데, 기관의 초등학생들을 대상으로는 모두 실패했다. 주로 어린이들이 키득거리며 강력하게 반발할 때가 많았기 때문에 대부분 서로 존대하는 것으로 합의했다. 대신 학생들이 교실에서의 내 이름을 직접 정해 부르도록 했더니 이름을 정하는 과정에서 관계와 맥락이 쌓였고, 그 시간 덕분에 상호 반말을 사용하려던 목적을 일부 달성할 수 있었다. 후에 공예를 담당하는 동료 선생님에게서 손 인형이나 캐릭터를 활용하면 초등학생들과 수평어로서의 상호 반말이 매우 자연스러울 수 있다는 것을 배웠다.

한편 학생들이 아무리 어리더라도 수업 일정이나 활동 계획에 변동이 생기면 사과하고 자세히 설명했다. 특히 첫 만남

오늘의 교실을 위한 모두의 길

에서는 우리가 총 몇 번 만나는데 그중에 몇 주는 무엇을 하고, 그다음엔 무엇을 하며, 마지막 주에는 어떤 계획이 있는지를 안내했다. 그때마다 초등학생들은 내가 '합니다', '습니다' 체를 사용한다는 이유로 "왜 여자가 '남자처럼' 또는 '군인처럼' 말하냐"고 물었고 나는 "여러분에게 정중하게 말하고 싶었다"고 답했다. 그런데 첫날 한 번 들은 안내를 그대로 암기하는 것쯤은 어린이들에겐 아무것도 아닌 걸까? 학생이 "고양이 쌤, 우리 네 번째 만나는 거니까 오늘까지만 그리기하고 다음 주에는 가면 만드는 거 맞지요?" 하고 물어오면 나는 기뻐하며 자세를 바로 했다.

그런데 그때의 문제는 내가 자주 어리둥절했다는 것이다. 사무실에서 수업 준비를 하며 닷페이스•의 영상 링크를 저장하다가도, 이 수업이 페미니즘 인식론이나 인권 수업도 아닌데 내가 무엇을 하는 것인지 스스로의 자격을 의심했다. 내 고민과 노력을 뭐라고 부르는지, 내가 무엇을 하려는 건지 모

• 삶에 가까운 저널리즘을 시도한 온라인 미디어 스타트업. '우리에겐 새로운 상식이 필요하다'를 모토로 출발하여 다양한 시도를 통해 말해지지 않은 현실을 보여주려 했다.

르겠다고 털어놓을 곳도 몰랐다. 그저 술자리에선 친구들과 슬픈 목소리를 높이고 토요일 혜화역 시위에선 모르는 이들과 어깨를 맞대면서, 정작 교실에서 눈을 감고 싶지 않았다. 다만 배움의 공간에서 학생들과 함께하는 시간에는 최소한 현재의 상식 속에 살고 싶었다. '어린이가 우리의 미래'라는 뻔한 수사를 반복하면서, 오늘을 살아가는 학생들의 교실에서 과거의 폭력을 재현하는 모순에 가담하고 싶지 않았다. 나에게 교실은 두려운 놀이터이자 일터였고, 조용한 시위의 현장이었으며, 도래하지 않은 세상을 살게 하는 일상이었다.

다 함께 더 멀리

어떤 날의 나는 여성이 인간이라고 말하는 일에 교육이 없어서는 안 된다고 생각했다. 다른 날의 나는 더 나은 교육을 위해서야말로 페미니즘이 꼭 필요하다고 확신하다가, 그래서 어느 쪽이냐고 어리석게 따지며 스스로를 외롭게 했다. 그러다 '페미니스트 페다고지'라는 말을 처음 접한 것은 '2030 성평등교육활동가 양성과정'의 페미니스트 페다고지 강의 시간이었다. 페미니스트 페다고지의 특징 중 하나가 학습내용·교수방법·교실경험이 서로 모순되지 않는 점이라는 부분에서 나는 펜을 고쳐 잡았다. 교사는 배운 대로 가르치며 가르친 대로 살고, 학생은 배운 대로 살며 살면서 배우는 길을 하나 찾은 것이다. 그 자체로 이론이면서 실천인 것의 이름을 알고 나서 나는 페미니즘에 빠져 있던 시간을 이론으로 도망쳤던 때로 기억하기를 그만두었다.

페미니즘과 교육을 몸으로 거치면서 차례로 페미니스트 페다고지를 접하게 되었다. 공부할 때마다 여러 장면이 지나간다. 교사인 나를 어떻게 소개할지 고민하고, 호칭을 함께 정하고, 서로의 취향을 기억하고, 받고 싶지 않은 질문과 더 물어봐주길 기다리는 질문을 눈동자에서 읽어내느라 분주했던 그 순간들. 다시 돌아가도 긴장되고 벅찰 시간들. 더 읽어나갈수록 먼저 걸어간 사람들이 자꾸 말을 건다. 그때 너는 안전한 배움의 공동체를 만들어가고 있었으며, 학생들이 용기 내어 꺼낸 목소리를 그곳에서의 '지식의 원천'[2]으로 삼으려 했던 것이라고. 학생들이 구성원으로서의 권위를 갖고 그것을 느낄 수 있도록 수업을 설계하려 애썼다고. 문장마다 지난 교실의 장면들이 해제가 되고 응원이 되어 따라붙는다. 페미니스트 교육자로서의 '우리'가 더 효과적인 활동으로 수업을 구조화할수록 교실은 덜 배제하고 덜 위협하고 덜 경쟁하는 공간이 된다는 것을, 그런 공간에서는 학생들이 서로에게 배울 수 있다[3]는 것을 너는 몸으로 겪었다고. 괴물을 만들어내는 구조와 싸우며 이미 배우지 않았냐고.

교육을 고민하던 페미니스트들이 어떻게 해야 이 공간에서의 '배움을 교실 너머로'[4] 확장할 수 있을지를 치열하게 고민한 결과물로서의 여러 전략과 조언을 접하기도 했다. 덕분에 초등학교 1학년들과 동화책을 만들건, 고등학생들과 노동에 대한 글을 읽건, 성인 한국어 교실에서의 문화 수업을 준비하건, 더 나은 교육을 고민하다 보면 늘 페미니즘과 교차하게 된다는 것을 확인한다. 그때마다 자전거 타는 법처럼 내 몸에 익은 페미니즘이 방향을 알려주고 때로는 동력이 되어준다. 우리가 누구든 무엇을 교육하든, 사회적 약자에 대한 내용을 교육에 통합하고 그들을 소외시키지 않는 커리큘럼을 고안하는 것은 우리 '모두의 일(everyone's business)'[5]이라는 단호한 문장이 나의 든든한 뒷배가 되었다.

8년 전에 스페인의 북부를 동에서 서로 가로지르는 여행을 했다. 800km를 걷는 동안 길을 안내하는 노란색 화살표를

오늘의 교실을 위한 모두의 길

열심히 따라다녀야 했는데, 화살표가 보이지 않아 불안할 때면 잘 터지지도 않는 휴대폰을 이리저리 흔들었다. 하지만 사방이 탁 트인 붉은 땅의 메세타를 지나는 동안에는 한동안 노란 화살표가 보이지 않아도 크게 걱정하지 않았다. 길을 조금 벗어나더라도 내 몸이 향하는 곳에 해가 지고 있다면 목적지로 향하고 있다는 뜻이었으니까. 인간이 영원을 투영해온 자연물을 바라보며 묵묵히 걸을 때 느꼈던 그 묘한 안도감을, 힘들게 오른 언덕 위에서 아래를 내려다보다가 앞서간 이들을 발견할 때의 그 반가움을, 페미니스트 페다고지를 통해 다시 떠올리게 될 줄은 몰랐다. 앞으로도 이 길에서 만나게 될 이들과 풍경들을 기대한다.

"나는 적어도 내 교실에서만큼은 학생들을
하나의 덩어리가 아닌 한 사람, 한 사람의 인간으로
만나고 싶었다."

삶에 '우리'라는 흔적 남기기

이해주

외로움이 만든 가능성

나는 글이 무서웠다. 고등학생 때 만난 국어 선생님에게서 "글을 읽는 건 글쓴이와 대화를 나누는 행위"라는 멋들어진 설명을 들었지만, 수능형 인간으로 성장하며 그 말은 내 안에서 서서히 자취를 감췄다. 글을 보면 '빨리 읽어야 한다'는 압박감이 들었고, 자연스럽게 글쓰기와도 멀어졌다.

성인이 되고선 그동안 못 해본 것에 도전하고 싶었다. 바로 '글'과 새로운 관계를 맺는 것, 다시 말해 조바심 없이 글을 읽고, 편안하게 책과 '대화'하길 원했다. 그렇게 부푼 꿈을 품고 참여한 글쓰기 강좌에서 받은 가장 기억에 남는 피드백은 이것이다. "글에 '나는'으로 시작하는 문장이 많네요. 이건 세련되지 못하고 초보적인 거예요. 왜 자신을 못 드러내서 안달이죠? 좋은 글을 쓰고 싶으면 자신을 숨겨요. 그래서 독자와 화자의 경계를 무너트려야 합니다. 자기를 드러내지 마세요. 이런 건 일기장에나 쓰라고요." 글을 쓸 때 '나'를 지워야 한다는 말에 따르자면 내 마음을 표현하는 것은 가치 없는 일이었다. 신랄한 평가를 공개적으로 받자 얼굴이 달아오르면서 수치심과 좌절감이 나를 압도했다. 그렇게 나는 글과 새로운 관계를 맺는 데 처참히 실패했다.

　'다른 사람들이 내게 관심이 없다'는 사실은 어려서부터 익숙했다. 내가 유치원에 들어가기도 전, 우리 부모님은 재혼했다. 엄마 쪽에는 내가, 아빠 쪽에는 언니 한 명과 나와 동갑인 남자아이 한 명이 있었다. 아빠는 나더러 주변 사람들에게 남자아이와 쌍둥이라고 대충 둘러대라면서도, 그 아이가 남자이므로 "오빠"라고 불러야 한다고 했다. 이 때문에 나는 학창 시절 내내 동갑내기 남자 형제를 어떻게 소개해야 할지 곤란해했다. 선생님부터 반 친구들까지 모두 "동갑인데 왜 생일이 다르냐"고 물어댔다. 어떤 아이는 일부러 사람들 앞에서 "쟤가 말한 생일은 다른 날인데? 너희는 생일이 다른데 어떻게 쌍둥이야?"라며 따져 물었다. 또 한 선생님은 출석부를 보고 "너랑 걔는 왜 성(姓)이 달라? 가족 맞아?"라고 공개적으로 물어보기도 했다. 그런 경험이 쌓여갈수록 나는 왠지 모르게 주눅이 들었다. 성장하며 주위 사람들의 눈빛이 따가워질수록 나는 더욱 입을 닫았다. 남들에게 나는 언제나 해명이 필요한 존재였다. 그리고 그들은 내 마음엔 전혀 관심이 없었다. 재혼 가정에 대한 편견과 호주제에 따른 차별은 극심했고, 나는 교실 속에서 너무나 외로웠다.

진로를 고민할 무렵에도 마찬가지였다. 당시 나는 용기를 내서 부모님께 "법을 공부하고 싶다"고 말했다. 하지만 아빠는 "네가 하고 싶은 거, 꿈이 뭐가 중요하냐. 실패하면 책임질 수 있어? 여자가 운이 좋아서 대학 졸업하고 바로 취직해도 결혼이나 임신하면 회사에서 잘린다. 그런데 선생님은 안 잘린다고! 너, 집에서 집안일만 하면서 네 이름 잃어버리고 '누구 엄마'로만 불리는 거 견딜 수 있겠어? 여자가 자기 이름 지키면서 살 수 있는 방법은 선생님 말곤 없어"라며 날 겁주기에 바빴다.

삶에 '우리'라는 흔적 남기기

아빠의 말을 따르고 싶지 않아서 담임선생님에게 털어놓았지만, 선생님은 "교사 정도면 여자에게 적당하지 않냐"며 날 이해하지 못했다. 나는 가르치는 일엔 흥미가 없었지만, 나를 둘러싼 권위적이고도 성차별적인 어른들 그 누구도 나의 욕구를 알고 싶어 하지 않았다. 학교든 학교 밖이든 그 어디에도 내가 무엇을 하고 싶은지, 무엇에 마음이 움직이는지 질문하는 사람은 없었다. 나는 어느 곳에서도 '나'인 채로 있을 수 없다는 고독과 외로움을 느꼈다.

나는 교사가 되면 뭔가 달라지리라 막연히 기대했다. 하지만 여전히 권위적이고 차별적인 '조언'들이 나를 둘러쌌다. 동료 교사들은 학생과 관련한 다양한 조언을 해주었는데, 나는 그 이야기들이 대개 불편했다. 내가 들은 이야기 가운데 몇 가지는 이렇다. "애들이 뭘 알겠냐", "학생들은 무조건 귀여우니까 다 받아줘야 한다", "애들은 피구 한 번 하거나 아이스크림 좀 줘여주면 좋아한다". 나는 이 말들이 어린이에게 매우 모욕적이라 생각했다. 이런 이야기에 둘러싸여 있다 보니, 나 또한 내가 만난 어른들처럼 어린이를 감정과 생각, 욕구를 지닌 '사람'으로 대하지 못할 것만 같았다. 그렇기에 나는 교사에게 어린이는 어떤 존재인지, 어린이와 교사는 어

떻게 사람 대 사람으로서 관계 맺을 수 있는지를 계속 고민할
수밖에 없었다.

　나는 종종 학생들의 삶에서 나의 어린 시절을 봐왔다. 내
삶의 궤적 때문인지 나는 학생들이 겪는 괴로움이나 어려움이
그들에게 어떻게 받아들여질지 알 것 같았다. 그래서 어린 시
절 내가 만난 어른들과는 다르게 어린이들의 목소리를 듣고
싶었고, 어른들이 나에게 해주지 않았던 이야기를 학생들에게
해주고 싶었다. 훗날 학생들이 지금의 교실을 떠올렸을 때, 선
생님이 자기에게 귀 기울인 적이 있었음을 기억하길 바랐다.
나는 학생들의 마음을 어떻게 잘 들을 수 있을지, 우리가 어떻
게 인간 대 인간으로서 관계 맺을 수 있을지를 고민했다.

　나는 어린이를 '어린이 집단'으로만 바라보고 싶지 않다.
어린이는 우리와 지금, 여기에서 함께 존재하는 동료 시민이
자 사람이다. 하지만 이렇게 생각했기에 오히려 어려웠다. 나
는 매년 학생들과 관계 맺는 것이 걱정스러웠다. 해마다 30명
에 가까운 '사람들'과 새롭고 또 깊게 관계를 맺는다는 건 매
우 도전적인 일이기 때문이다. 그럼에도 불구하고, 나는 적어
도 내 교실에서만큼은 학생들을 하나의 덩어리가 아닌 한 사
람, 한 사람의 인간으로 만나고 싶었다. 내 교실이 내가 어린

시절 경험했던 교실과는 달랐으면 했다. 내 목소리를 낼 수도, 들으려고도 하지 않았던 외로운 교실이 아니라, 학생들이 목소리를 낼 수 있고, 모두가 그것을 들을 수 있는 그런 교실 말이다.

페미니스트의 귀와 시선으로

서로의 목소리를 듣기 위해서는 상대에 대한 믿음과 편안함이라는 토대 위에서 상호 연결되어야 한다. 이는 상대를 있는 그대로 존중하고, 함께 살아가는 존재로서 사랑하는 일이다. 나는 이 일이 교실에서 실현되려면 페미니즘이 지향하는 가치를 배움과 가르침의 과정에 통합[1]하고 그것을 여러 방법으로 실현해야 한다고 생각했다. 즉, 위치에 대한 비판적 인식을 토대로 페미니즘이 다루는 교차성과 형평성, 평등, 사회정의, 책임감, 연대, 공존, 지속 가능성 등을 가르침에 통합하고 싶었다. 그뿐만 아니라 학생들이 이 다양한 가치를 지식으로 이해하는 데 그치지 않고, 공동체 속에서 그 가치를 나누며 감각적으로 느낄 수 있길 바랐다. 세라 아메드(Sara Ahmed)는 이를 두고 '페미니스트의 귀로 듣는다'고 표현하기도 했다.[2] 이처럼 페미니즘이 교실로 들어올 때 교실은 더 이상 외로움과 소외의 공간이 아닌 사랑의 공간이 될 수 있을 것이다.

공동체 안에서 서로가 안전하게 연결돼 있다는 감각은 중요하다. 나는 우리 교실이 상대방의 이야기를 진심으로, 깊이 있게 들어주는 곳이길 바랐다. 그래서 우리 교실을 편안하게 말할 수 있는 분위기의 공간, 평가·비난·소외의 두려움이 없는 연대의 공간으로 만들고자 했다. 나는 학생들이 무엇을 경험했고, 생각했으며, 느꼈는지를 안전한 공간 안에서 함께 소통하며 성장하길 희망했다.[3] 그러려면 학생들의 내면에 존재하는 따뜻한 말들이 살아나야 했다. 그러한 활동으로 나는 감정 카드를 활용해 학생들이 마음속의 말랑한 말들을 꺼내놓도록 했다.

6학년 학생들과 새로운 학기를 맞이하며 마음을 나누고 싶었던 나는 감정 카드를 활용해 '안부 묻기'와 '감정 선물하기'를 진행했다. 학생들은 처음에 조금 수줍고 멋쩍어했는데, 몇 번 반복하니 이내 다정한 말들을 자연스럽게 쏟아냈다. "나는 너에게 '즐거움'을 선물하고 싶어. 나는 네가 오늘 하루 많이 웃었으면 좋겠어"와 같이 말이다. 나는 이 활동을

삶에 '우리'라는 흔적 남기기

학급의 비전을 설정하는 데도 활용했다. 우리 교실에 어떤 감정을 선물하고 싶은지, 왜 그렇게 생각하는지, 그렇게 하려면 우리가 함께 노력할 일은 무엇인지 등에 관해 대화했다. 우리는 이렇게 자주 마음을 나누었고 서로에게 스며들었다.

나는 학생들이 자기 생각과 감정을 나누는 일에 더 익숙해지도록 학급을 운영했다. 먼저 '학급 생활 모습 돌아보기'를 매월 진행했다. 앞면에는 친구에게 부탁하는 말과 칭찬하는 말, 선생님에게 하고 싶은 말, 개인적으로 겪고 있는 어려움 등을 적고, 뒷면에는 학급 친구들과 심리적 거리가 어떤지 그림을 그려보게 했다. 그러나 월별로 이루어지는 설문은 시행 간격이 길어서, 학생들과 자주 소통할 수 없었다. 그래서 학생들에게 마음 일기를 써서 수시로 대화를 나누자고 제안했다. 공책에 자신의 다양한 생각과 감정을 일기처럼 작성하는 활동이었는데, 의외로 대부분의 학생이 꾸준히 참여했다. 아마 다들 자기 이야기를 들어줄 상대가 절실했던 듯하다. 그 과정에서 나는 자해하거나 자살을 생각하는 학생, 가정폭력에 시달리는 학생, 정체성을 고민하는 학생 등을 만났다. 하지만 각 학생과 나 사이에는 글을 넘어 더 깊은 대화가 필요했다. 그렇게 나는 '대화의 날'을 운영하겠다고 마음먹었다.

거창한 이름이지만, '대화의 날'은 그저 방과 후 조용한 교실에서 교사와 학생 단 한 명이 이야기를 나누는 것이다. 대화를 시작하기 전, 나는 상대방에게 왜 대화의 날을 실시하는지 밝혔다. "선생님은 너의 이야기가 궁금해"라며 상대의 진심을 듣고 싶다고 했다. "학생과 교사라는 이유로 터놓고 대화하기 어렵다고 느낄 수도 있다"고 말하면서, "선생님은 네 마음에 다가가고 싶은 것이지 네게 괴로움을 주고 싶은 것이 아니"라고 분명히 전달했다. 이후 내가 들을 준비가 되었다고 판단하면 상대도 말할 준비가 되었는지 확인한 뒤 대화를 시작했다. 삶 속에 상처가 있는 어린이들은 자기 이야기를 꺼내기 어려워했지만, 이내 조심스럽게 자신이 경험한 가정 폭력이나 아동 학대, 친족이나 동급생에 의한 성폭력 등을 털어놓았다.

대화의 날에 참여한 학생들이 공통적으로 한 말이 있다. 어른들이 이야기를 들어주지 않거나, 믿어주지 않거나, 혹은 비난할까 봐 자기 경험을 말하기 힘들었다는 것이다. 나는 그렇게 말하는 학생들에게 "그 말을 꺼내기까지 얼마나 힘들었을지 잘 안다. 자신의 마음을 용기 있게 보여줘서 고맙다"고 잊지 않고 말해주었다. 또 "힘들면 힘들다고 말할 사람이 네

삶에 '우리'라는 흔적 남기기

게 있으면 좋겠고, 선생님이 그런 사람이 되어주겠다"고 전했다. 이렇게 한다고 그들의 삶과 마음의 모든 문제가 해결되진 않겠지만, 적어도 "자신의 말을 들어주는 믿을 만한 어른이 있다"고 전달하는 데는 성공했다고 생각한다.

서로 신뢰하고 존중하는 분위기가 자리 잡았다는 판단이 들었을 때, 나는 좀 더 깊이 있는 활동을 시도했다. 바로 학생들이 서로의 마음 더 깊은 곳으로 다가가 '듣는 귀가 여기에 있음'을 함께 느끼는 활동이다. 나는 비폭력 대화에서 사용하는 방법을 응용해 '나를 괴롭히는 말'을 함께 나누어 서로의 진심을 표현하도록 했다. 이를 통해 학생들이 공동체 속에 받아들여진다고 느끼길 바랐다.

이 활동은 종이를 3등분으로 접어 각 칸에 어떤 말과 그 말에 대한 감정을 적는 것이다. 말에 붙일 감정을 적기 힘들다면 감정 카드를 활용하도록 했다.

나를 괴롭히는 말
내가 듣고 싶은 말
해주고 싶은 말 (※이 칸은 다른 사람들이 작성)

'나를 괴롭히는 말 나누기' 활동 양식

첫 번째 칸에는 살면서 들은 말 중에 나를 괴롭힌 말이나 지금도 나의 마음속에 남아 '나를 괴롭히는 말'을 적는다. 그리고 그 말을 들었을 때 느낀 감정 또는 그 말을 떠올릴 때 느끼는 감정을 괄호 안에 적는다. 두 번째 칸에는 나에게 선물하고 싶은 감정이 무엇인지, 그 감정을 느끼기 위해 어떤 말을 듣고 싶은지를 생각하며 '내가 듣고 싶은 말'을 적는다. 첫 번째 칸에 적은 말을 다른 말로 바꿔보거나 아예 새로운 말을 적어도 좋다. 여기까지 완성했다면 이제 작성한 종이를 모둠 친구들과 돌려 읽으며 세 번째 칸을 채운다. 첫 번째와 두 번째 칸에 적힌 내용을 읽고, 두 칸의 작성자에게 선물하고 싶은 감정과 '해주고 싶은 말'을 세 번째 칸에 적는 것이다.

나는 이 활동을 매 순간 매우 조심스럽게 진행했다. 어떤 학생은 과거에 들었던 말이 너무 큰 상처라 친구들과 나누기 힘들다고 해서, 선생님이 종이를 봐도 괜찮은지 물어본 뒤 내가 직접 세 번째 칸을 채워주기도 했다(그 학생은 무척 만족해했다). 우리 교실이 진실함과 신뢰의 토대 위에 세워졌기에, 학생들은 그 누구도 서로 놀리거나 상처 주지 않고 진지하게 활동에 임할 수 있었다. 학생들은 생각보다 더 속 깊고 다정한 이야기를 나누었고, 서로에게 마음을 전했다.

삶에 '우리'라는 흔적 남기기

다 널 싫어해. (외로움)	넌 왜 뭐만 하면 울어? (외로움)	너는 왜 이렇게 열심히 하지 못하니? (화남)
넌 할 수 있어. (따뜻함)	넌 이걸 잘하는구나. (홀가분함)	넌 열심히 하고 있어. (행복함)
나랑 친구 해줘. (다정함, 신남)	많이 우는 건 그동안 많이 참은 거야. (따뜻함, 푸근함)	100가지 중에 한 가지를 열심히 못 해도, 나머지 99가지는 열심히 노력하고 있잖아. 잘하고 있어. (다정함, 뿌듯함)

'나를 괴롭히는 말 나누기' 활동 예시

학생들은 어떤 세상 속에서 살아가는 걸까? 학생들이 적
어낸 수많은 괴로운 말을 보면, 우리는 함께 살아감에도 너무
나 외롭게 버티고 있는지도 모르겠다는 생각이 들었다. 이 활
동에서 학생들은 다정하고도 안전한 교실에서 서로의 존재를
믿고 연대하려 했다. 나는 이를 통해 페미니스트의 귀로 듣고
그 시선으로 서로를 바라보면 긍정적인 변화가 생긴다고 확
신할 수 있었다. 그렇게 우리의 교실은 자신의 괴로움을 솔직
하게 내비칠 수 있는 공간이자, 타인의 외로움에 공감할 수
있으며 서로의 위치와 맥락을 이해하고 따뜻한 위로의 말을
먼저 건넬 수 있는 곳이 되었다.

우리는 함께 살아가는 존재

나는 우리의 연대가 교실 안에서 끝나지 않길 바랐다. 비판적 사고를 통해 주변에서 함께 살아가는 존재들에 대한 인식을 확대하면, 서로의 삶이 연결된다는 사실을 우리가 더 잘 이해할 수 있으리라 생각했다. 또한 몸으로 느낀 페미니즘의 가치들을 우리가 함께 살아가는 이 사회를 이해하는 데 활용하고, 사회정의를 실현하는 행동으로 연결 짓길 바랐다.[4] 그래서 나는 지속가능발전목표(SDGs: Sustainable Development Goals)*를 큰 주제로 놓고 수업을 구성했다.

먼저 스웨덴의 비영리 통계분석 서비스인 갭마인더(Gapminder)의 '소득수준에 따른 기대 수명' 차트를 바탕으로 우리나라의 위치를 비판적으로 탐구하고, 국가 간의 위계를

---

* SDGs는 지속 가능한 미래를 실현하기 위해 UN에서 선정한 17개의 목표다. 여기에는 빈곤 퇴치부터 성평등, 기후변화 행동 등 다양한 의제가 담겨 있는데, 핵심은 모든 목표가 연결되어 있으며 이것들을 연결 지어 인식할 때 지속 가능한 미래로 나아갈 수 있다는 것이다. 하지만 우리나라에서는 SDGs를 언급하는 일이 많지 않고, 언급한다고 해도 몇 개의 목표만 따로 떼어내 재조합하거나 심지어 선별적으로 무시하기도 한다. 그렇게 파편화 혹은 비가시화해서는 지속가능성을 정확히 알거나 느낄 수 없으며, 우리의 삶을 변화시키기 어렵다.

분석했다. 이 차트는 1부터 4까지 레벨이 높아짐에 따라 소득이 올라가고, 기대 수명 또한 길어짐을 보여준다. 학생들은 구분된 색깔을 통해 낮은 레벨의 나라들이 어느 대륙에 몰려 있는지 확인하며 그래프를 해석했고, 레벨 1부터 3까지의 국가들은 어떤 상황에 놓여 있는지를 SDGs에 비추어 살펴보았다.

일부 국가에서 기대 수명이 낮게 나타나는 현상을 지속 가능성에 중심을 두고 살펴보기 시작하자, 이 현상이 물·시설·의료·성평등·교육·평화 등 다양한 의제와 연결되어 있음을 확인할 수 있었다. 한 예로 '여성 성기 훼손(FGM: Female Genital Mutilation)'으로 인해 감염이 발생하거나, 패혈증에 걸려 사망하는 경우를 살펴보았다. 종교나 성별에 따라 편견이 작동해 여성의 기대 수명을 낮추고, 전체적인 기대 수명에도 영향을 미치는 사례였다.

나는 이 수업을 진행하며 학생들이 자신의 위치를 비판적으로 인식하고, 타국이 겪는 문제가 그 나라만의 문제가 아님을 알길 원했다. 그래서 문제의 역사적 맥락을 탐색하고자 질문을 던졌다(아래 대화는 수업 속 대화 내용을 맥락과 핵심만 살려 간단히 작성한 것이다).

교사: 여러분은 레벨 1의 국가에 왜 이런 문제가 발생했다고 생각하나요?

학생들: 돈이 없고 가난해서요.

교사: 왜 그런 상황에 처하게 됐을까요?

학생 A: 능력이 없고 노력을 안 해서 가난하다고 생각해요. 우리나라도 예전에 못살았지만 지금은 잘살잖아요.

학생 B: 교육을 못 받아서 돈을 벌 수 없을 것 같아요.

학생 C: 뉴스에서 봤는데, 저기는 어린이들이 일하느라 학교에 못 가거나 전쟁하러 나가기도 한대요.

교사: 레벨 1의 국가도 함께 잘살기 위해서는 무엇이 더 필요할까요?

학생 C: 깨끗한 물을 마실 수 있는 시설이 없으니까, 우리나라처럼 잘사는 나라들이 시설을 지어주면 좋겠어요.

학생 A: 그러면 돈이 너무 많이 들지 않을까?

학생 B: 그러게. 난 솔직히 불쌍해서 어느 정도는 도와줄 수 있다고 생각하지만, 저 나라들을 도와주는 게 우리나라에 어떤 이익이 있는지 모르겠어.

학생 A: 자기 나라 문제도 아닌데 왜 잘사는 나라들이 돈을 들여서 도와줘야 하는 걸까?

삶에 '우리'라는 흔적 남기기

나는 학생들이 말하는 '능력 없음'이 무엇인지, 그리고 능력이 없다는 그 판단은 누구의 시선인지 살펴봐야 한다고 말했다. 또한 '이익'을 행동 판단의 최우선 기준으로 설정하는 사고 흐름을 비판적으로 생각해보기 위해, 해당 국가들의 문제가 어떤 맥락에서 일어났는지 살펴보자고 제안했다. 그렇게 우리는 제국주의 시대에 선진국들이 레벨 1 국가(주로 아프리카 국가)를 식민지로 지배한 역사를 알아보았다. 이 과정에서 학생들은 SDGs를 이해하려면 선진국·비선진국, 제1세계·제3세계 같은 국가 위계와 역사적·상황적 맥락을 이해하는 일이 중요함을 깨달았다.

학생 C: 차트를 다시 보니까 식민지였던 나라들은 주로 레벨 1에 있고, 식민지를 지배했던 나라들은 레벨 4에 있어요.

학생 A: 레벨 1의 국가들을 착취해서 레벨 4의 나라들이 잘살게 된 면도 있다고 생각해요.

학생 B: 그러면 식민지를 지배한 나라들이 당연히 보상해줘야 하는 거 아닐까? 그 나라들의 책임이잖아.

학생 A: 근데 레벨 1~3의 국가들을 돕는 건 유럽 선진국이 책임져야 하는 일인데, 우리나라는 좀 억울해.

교사: 과연 우리나라는 책임에서 자유로울까요? 우리나라가
   레벨 1~3의 국가들에 어떤 영향을 미치고 있는지, 기후변
   화에 대해 학습하며 좀 더 이야기 나눠봐요.

우리는 각 레벨에 속한 국가별로 탄소 배출량이 어떤지 살
펴보았고, 기후변화에 따라 각 레벨의 국가들은 어떤 어려움
을 겪고 있는지 알아보았다. 학생들은 우리나라를 포함한 선
진국들이 자국의 경제 발전과 자국 국민의 안락한 삶을 위해
탄소를 무분별하게 배출하는데, 이에 따른 기후변화는 소득
이 낮은 국가에 먼저, 또 심하게 영향을 미친다는 점을 확인
했다. 그뿐만 아니라 소득이 낮은 국가 내에서도 또다시 위계
에 따라 사회적 약자인 여성·노인·어린이 등에게 피해가 더
크게 나타남을 확인했다. 그러자 우리가 이야기 나눈 문제들
은 결국 모두의 문제이며 함께 잘 살아가는 일과 관계가 있음
을 알게 됐다.
　수업 초기에 나는 학생들의 반응에 매우 놀랐다. '한국식
능력주의'와 '공정성 담론' 같은 '진보적 신자유주의' 물결[5]
이 학생들에게도 깊게 뿌리내려 있었기 때문이었다. 이 때문
에 학생들은 쉽게 능력주의에 기반한 '공정'을 외치며, 구조

적 차별이나 소수자의 맥락은 전혀 고려하지 않은 채 "약자들이 힘든 이유는 능력의 문제"라고 손쉽게 말하는 경우가 많았다. 하지만 약자의 위치에서 상황을 바라보고 그들의 입장을 알게 되자, 학생들의 반응은 달라졌다. 이 과정에서 학생들은 페미니즘이 다루는 '위치와 위계, 평등, 사회정의, 연대, 공존'과 같은 가치들을 더 깊게 느낄 수 있었다. 학생들은 레벨 1의 국가들이 겪는 어려움은 단순히 그들의 능력 문제가 아님을 깨달았다. 위계상 우위에 있는 사람은 자기의 위치로 인해 편견의 틀로 세상을 바라보기 쉬우므로 사회적 약자의 관점에서 본 경험과 맥락, 상황이 공유되어야만 덜 왜곡된 시선으로 세상을 바라볼 수 있다.[6] 약자가 겪는 문제를 맥락적·비판적으로 바라보지 않으면 그들의 입장은 쉽게 가려져 버리고, 결국 강자의 시선으로 상황을 파악하게 된다. 학생들은 수업을 통해 약자가 겪는 문제는 사실 강자와 약자 모두가 관련한 문제이며, 그것은 '이익의 유무'로 따질 일이 아님을 깨달았다. 우리가 지속 가능한 세상에서 함께 살아가기 위해서는 이익만을 따지는 오랜 습관을 버려야 할 뿐만 아니라 좀 더 깊고 책임감 있는 눈, 즉 페미니스트의 시선이 필요하다.

나와 세상, 우리를 사랑하며 살아가기

우리 반 학생들은 하교 후에도 게임이나 연예인 등에 관한 이야기를 나누며 친구들과 몇 시간씩 통화하곤 했다. 학생들이 시간을 그렇게 보낸 이유는 외롭기 때문이었다. 이런 배경 속에서 나는 사실 학생들이 언젠가 우리의 수업을 떠올리며 거대 담론에 흔들리지만 않으면 좋겠다고 생각했다. 하지만 내예상보다 학생들은 훨씬 대단했다. 1년여간 페미니스트의 시선으로 세상을 바라보고, 듣는 연습을 하며 그들은 자신의 삶을 바꿔나갔다. SDGs에 대한 배움을 지식으로만 두지 않고, 스스로 자기들만의 공동체를 만들어서 배운 가치들을 함께 실천하는 삶을 꾸려나가기 시작한 것이다.

　나는 학생들에게 연대와 공동체를 강조했지만, 작은 실천 조직을 만들 생각은 하지 못했다. 그런데 어느 날 한 학생이 나에게 '그룹'을 만들었다며 자랑했다. 그 학생은 '서로의 성장을 도와주는 그룹'*이라고 설명했다. "혼자는 외롭고 잘 안되

---

*음성이나 영상으로 통화하면서 각자의 목표를 공유하고 공부하는 모임으로, 유튜브 콘텐츠 '스터디 위드 미(Study with me)'와 비슷하다. 맨 처음 만들어진 그룹의 이름은 '세 얼간이들'이었다.

는데, 같이 하면 잘된다"며 다양한 버전으로 그룹을 확장하고 싶다고 말하기도 했다. 그렇게 우리 반에는 여러 그룹이 생겨났다. 학생들은 각자 속한 그룹에서 공부 이야기를 나눌 뿐만 아니라 일상생활에서 만나는 많은 장면을 '페미니스트의 시선'으로 다시 보고, 변화를 위해 반 친구들과 함께 실천했다. 어떤 그룹의 학생들은 학교 앞 문방구에서 우리 학교의 학생들이 캐릭터 카드를 사고 마음에 안 들면 땅에 그냥 버려서 문방구 앞이 엉망이라고 이야기했다. 그냥 지나칠 수 없어서 친구들과 버려진 카드 더미를 치우고 분리수거를 하려고 카드의 코팅 면을 다 벗겼다고 했다. 그러자 다른 학생들이 학교에 알려 함께 노력하면 좋겠다며, 게시판에 글을 쓰자고 제안했고 함께 글을 써 붙이기도 했다. 어떤 그룹의 학생들은 가족들이 일회용품을 쓰려고 할 때 다회용품을 쓰자고 제안하는 걸 서로 인증하기는 챌린지를 만들기도 했다. 길거리의 고양이를 도와주는 학생들도 있었고, 놀이터나 농구장, 등산로 등에 놀러 가 쓰레기를 줍고 인증 숏을 꾸준히 남기는 그룹도 있었다.

인상 깊었던 장면 가운데 하나는, 우리 학교에서 AI 동아리 참여 신청을 받았을 때였다. 신청서를 받으며 나는 "왜 여자아이들은 신청하지 않느냐"고 물었고, 학급의 학생들은 자신들의 속사정을 말했다. 학생들은 학교에 차별적인 분위기가 있다고 했다. 우리 학교 AI 동아리에는 남학생들만 가득하며, 참여한 여학생을 별난 아이 취급해 눈치 주는 분위기가 있다고 여러 학생이 공감했다. 그렇게 우리는 AI 동아리에 여학생들이 함께하려면 어떻게 해야 할지 이야기를 나눴다. 결론은 우리 모두 남녀를 갈라서 대하지 않고, 동아리 구성원의 다수를 차지하는 남학생들이 따뜻한 시선과 태도로 새로운 참여자를 환영하고 여학생들과 함께해야 한다는 것이었다.

페미니스트 교육자 벨 훅스는 우리가 사회적 약자를 처음 접하는 방식이 중요하다고 말했다.[7] 우리가 익숙한 방식으로만 어린이나 여성, 장애인 등을 접하면 결국 사회적 약자를 타자화하며, 함께 살아가기 어려워진다. 그렇기에 교실에서 페미니스트의 시선으로 사회적 약자들을 바라보고 그들의 맥락을 귀담아듣는 일은 우리가 '함께' 살아가는 존재임을 느끼도록 하며, 평등하게 관계 맺고, 지속 가능한 미래를 상상할 수 있도록 해준다. 우리가 더불어 잘 살기 위해서는 페미니스트의 귀와 시선이 필요하다. 나는 학생들의 자생적인 연대와 실천을 보면서 따뜻함이 가득한 미래가 가능하다는 생각이 들었다.

　　　　　　　　　　삶에 '우리'라는 흔적 남기기

페미니즘을 만나기 전 나는 지독히도 외로웠다. 내 존재는 항상 해명이 필요했고, 스스로 잘못되었으며 창피하다고 여겼다. 사람들의 편견에 화가 나면서도, 한편으로는 나조차 스스로 그렇게 생각하며 자신을 사랑하지 못했다. 난 내 삶을 이해하고 싶었고, 이해받고 싶었다. 페미니즘을 만나고 나서야 비로소 나는 '나'를 지우지 않고 내 삶에 대해 말하기 시작했다. 이 글에 '나는'으로 시작하는 문장이 많은 것도 그 이유에서다. 나는 해명이 필요하거나 잘못된 존재가 아니라 그냥 '나'다. 나는 페미니즘을 통해 나를, 그리고 나를 둘러싼 세상을 삶의 동료로 여기며 사랑해나가고 있다. 나는 세상을 사랑하기에 교실에서 페미니즘을 말하고, 학생들에게 자신과 우리와 세상을 사랑해나가자고 손 내밀 수 있었다. 어쩌면 삶이 너무 슬프기만 한 어떤 존재도 그 손을 붙잡고 '우리'를 발견하며 자기를 사랑해나갈 수 있지 않을까? 그럴 수 있길 간절히 바란다.

"더 사려 깊은 교육자가 되기 위해 애쓰자
내가 살아가는 교실의 공기가 바뀌었다."

모두를 포괄하는
교육에 대한 상상력

장재영

다른 교육은 가능할까? 교과서가 말하지 않는 지식·삶·존재를 탐구하는 교육, 학생이 교사의 부당한 권력이나 학교라는 제도의 부조리를 묵인하지 않는 교육, 아무런 소리도 내지 않는 것이 습관이 된 학생이 조심스레 입을 떼려 하면 그의 말을 기다려주는 교육, 기존 질서가 구축해놓은 피라미드 구조의 중상부에 홀로 안전하게 자리 잡는 방법을 가르치는 것이 아니라 '우리'라는 경계 안에 더 많은 존재를 끌어안는 교육, 어쩌면 그러한 경계조차 허구이며 우리가 정의로운 세상을 원한다면 사려 깊게 보살피고 고려해야 할 문제들은 가부장제·자본주의·인간중심주의의 주변부에 있다는 사실을 토론할 수 있는 교육 말이다. 페미니즘은 나에게 더 나은 정의를 추구하기 위한 지식·역량·사유의 방법을 제공하는 토양이 되어주었다. 페미니즘을 좇아 이전과는 다른 세계관과 신념을 지니고 초등학교 교사로 일하던 중 나는 페미니스트 페다고지를 만났다. 페미니스트 페다고지는 나에게 다른 교육과 교육 문화, 부당한 권력과 지배 구조를 성찰하며 좀 더 평등한 관계를 지향하는 수많은 질문의 배경이자 중요한 지침이 되어주었다.

그림 같은 교실이라는 환상

2021년 스승의 날, 2년 전 나와 함께 생활했던 한 학생이 찾아와 카드를 건넸다. "선생님은 좋은 선생님이었습니다." 인생의 막바지에 이른 사람에게 할 법한 말로 들려서 웃음이 났다. 하지만 그 학생의 기억과는 달리 나는 좋은 교사가 아니었다.

나의 교생실습을 지도한 교사는 '그림 같다'는 표현을 썼다. 교사가 계획한 대로 물 흐르듯 수업이 진행될 때, 교사의 안내에 차분히 따르는 어린이들의 모습을 '그림 같다'고 말한 것이다. 그 말은 내 안에 각인되어 이후에도 종종 '교사가 기대하는 완벽한 교실'이라는 이상을 상기시켰다.

　나는 그림 같은 교실을 꿈꾸며 교사 일을 시작했던 듯하다. 교사가 말하면 하던 일을 멈추고 선생님을 바라보는 학생들, 놀이 시간에는 활기차게 뛰놀다가 수학익힘책을 풀 때는 문제풀이에 몰입하는 학생들을 상상했다. 하지만 내가 마주한 교실은 달랐다. 나의 목소리는 어린이들의 재잘거림에 묻혔다. 스무 명 남짓한 사람들에게 교사의 말이 단번에 전달되는 일은 드물었다. 내가 기대한 분위기가 아니었다. 그런 상황에 지친 날에는 교실의 어린이들 모두가 각각의 이유로 미웠다. 나의 좌절이 잘못된 기대에서 비롯되었으며, 내가 받아들여야 하는 일임을 알지 못했다. 그저 교사인 나의 미성숙함과 무능력을 드러내는, 감추고 싶은 증거로만 여겼다. 많은 동료가 내게 '친절하면서도 단호한 교사'가 되어야 한다고 말했다. 학기 초부터 무리하게 친절함을 가장하다가 소진된 나는 어느 날 교실이 '통제 불능'이라고 판단하곤 주먹을 단단히 쥐고 칠판을 거세게 두드렸다. 깜짝 놀라 동그래진 눈으로 나를 바라보던 어린이들의 표정을 영원히 잊지 못할 것이다.

　　　　　모두를 포괄하는 교육에 대한 상상력

교사의 권위를 어떻게 활용할 것인가

《젠더, 인종, 계급, 권력이 교차하는 페미니스트 교실(The Feminist Classroom)》[1]은 숙련(master)·목소리(voice)·권위(authority)·위치성(positionality)이라는 네 가지 개념을 중심으로 페미니스트 교실의 역동을 분석한다. 그중 교육에 관한 나의 여러 문제의식을 관통한 핵심 개념은 바로 권위다.

전통적인 교실에서 권위는 교육자 또는 학교라는 제도의 소유다. 교사는 '학문적 지식의 우월성'을 바탕으로 학습 내용과 방법을 결정하고, 학생을 평가할 권한을 행사한다. 이에 따라 교수자와 학습자가 양분됨으로써 교실의 질서가 유지된다. 현장에서 교육자 또는 학교라는 제도가 중심이 되어 권력을 드러내는 방식은 아버지 혹은 남성이 가족 내에서 권력을 행사하는 가부장적 구조와도 닮았다. 문제는 교육자의 권위가 종종 부당한 권력의 모습으로 행사된다는 것이다. 교육적 전통이 재생산되는 과정에서 학생은 '미성숙한 존재'로 여겨지며 이들의 개별성·경험·권리는 경시되는데 특히 학습자의 나이가 어릴수록 이러한 경향은 강화된다. '미성숙한 학생을 보호한다'는 미명은 학생들의 여러 권리를 '매끄럽게' 통제하는 일이 교육의 일이라고 믿는 오래된 신화 속에서 자연스러운 것으로 인정된다. 또한 교육 전문가들이 중요시하고 그 권위를 인정하는 주요 교육과정은 기존의 질서를 유지·재생산해 기득권의 이익에 공헌하는 역할을 한다.

이처럼 비판적 관점에서 교육의 양상과 문제를 살피게 되면 교사 또는 교육제도의 권위에 관한 고민의 초점이 달라진다. 이전까지는 학생·양육자·동료들이 인정할 만한 교육 방식을 능숙하게 구사하는 것이 교사의 전문성이며, 이들과 최대한 불협화음을 만들지 않는 것이 유능한 교사의 태도라고 믿었다. 하지만 교사·학교·교육제도라는 합법적 권위·권력이 어떻게 작동해왔는지를 돌아보자 그로 인해 교육과정 안에서 지워진 문제, 억압되거나 배제된 존재가 무엇이었는지를 먼저 살펴보게 되었다. 즉 '교사라는 존재를 통해 드러나는 권위·권력을 무엇을 위해 활용할 것인가', '어떤 지점을 바꿔야 평등을 추구하는 방식이 될 것인가'를 생각하게 된 것이다.

우리가 인정하든 인정하지 않든, 거부하든 거부하지 않든, 모든 교육자는 권위와 권력을 지닌다. 이는 역사적으로 수많은 억압과 고통을 만들어온 근원이 되기도 했지만 한편으로는 권리의 역사를 앞으로 나아가게 하는 원동력이 되기도 했

모두를 포괄하는 교육에 대한 상상력

다. 교사에게는 교육 내용과 교육 방식을 선택할 수 있는 권한이 있다. 따라서 교사는 교육 장면에서 전통적으로 교과서가 설명하지 않았던 지식·경험·존재에 스포트라이트를 비출 수 있다. 또한 우리가 우리의 권리를 새로운 언어로 설명하는 일, 불평등한 관계 속에서 억압당하는 이들에게 더 많은 발언권을 보장하는 일, 다양성을 환대한다는 것의 진정한 의미를 익히는 일로 사람들을 안내할 수 있다.

그렇기 때문에 나는 '교육에서 무엇을 위해, 어떤 방식으로 교사의 권위를 활용하는 것이 더 나은 세계를 만드는 일에 기여하는가'를 고민했다. 외면·소외·차별·배제·억압 대신 우리를 해방에 다가가게 하는 지식은 무엇일까? 권위와 권력에 순응할 것을 요구받는 어린이·학생·여성·청년·소수자가 스스로의 권한을 인식할 수 있는 방법은 무엇일까? 권위와 권력을 비판하는 이 모든 질문의 대상에서 질문을 던지는 나 자신을 제외하지 않는 엄정함은 과연 가능할까? 이어지는 이야기는 내가 교육적 관습에 질문을 던지고 다른 교육을 모색해온 기록이다.

〈짱구는 못 말려〉에서 돌봄 노동 발견하기

실과 수업을 통해 '돌봄 노동'이라는 용어를 소개하고 이를 재평가하는 장을 마련하고자 했다. 실과 교과서에는 다양한 가족의 형태와 돌봄 노동의 평등한 분담 방법을 탐구하는 내용이 있다. 교과서는 돌봄 노동을 거칠게 분류해 빨래, 음식 만들기, 가족 돌보기, 청소 같은 일이라 설명한다. 하지만 진짜 빨래란 계절, 옷 상태, 재질, 가족의 일정을 고려해 빨랫감을 분류하고 빨래 순서를 계획하는 일, 세탁소·세탁기·손빨래 등 처리 방식에 따라 옷을 나누는 일, 각 방식의 과정을 수행하는 일, 빨래 널기, 빤 옷을 수납장 곳곳에 넣는 일을 포함하는 다종다양한 노동이다. 나는 우리가 돌봄 노동을 뭉뚱그려 명명하는 일이 이 일의 노동강도와 전문성을 폄하해 노동의 총체와 가치를 제대로 파악하기 위한 사회적 상상력을 제한한다고 생각했다. 그래서 '양성평등'에 관한 진부한 주제로 '집안일 사이좋게 분담하기'를 형식적으로 소개하는 것을 넘어 돌봄 노동 전담자의 일과 경험이 중요한 지식으로 다루어지는 시간을 마련하고 싶었다.

대중문화 비평가 이자연은 저서 《어제 그거 봤어?》[2]에서
애니메이션 〈짱구는 못 말려〉의 엄마 '봉미선'에 대해 쓴다.
그 글은 주인공 짱구와 아빠 신형만 중심의 서사에서 자신의
역사와 삶을 드러낼 기회를 얻지 못한 봉미선이란 캐릭터를
분석하고, 여성이 겪는 불평등을 드러내는 에피소드 '이름 없
는 집안일을 해요'를 소개한다. 이 에피소드는 여성 돌봄 노
동 전담자가 주의를 기울이지 않으면 처리되지 않거나 마무리
되지 않기 때문에 끝없이 노동하는 봉미선과 그 피로를 눈치
채지 못하는 가족의 무심함을 그린다. 이자연은 글에서 대변
을 보다가 두루마리 휴지가 떨어졌다는 걸 알고 엄마에게 소
리 지르는 짱구의 천연덕스러운 대사를 인용한다. "그동안 엄
마가 휴지를 갖다주셨어요?" 봉미선은 어이없어하며 묻는다.
"그럼 휴지가 자기 발로 걸어올 줄 알았어?"

　　수업에서 이 에피소드를 함께 본 뒤 학생들에게 애니메이
션에서 찾은 가사 노동의 종류를 최대한 많이 말해보게 했다.
세면대 거울 청소, 변기 청소, 수저 놓기, 채소 씻기, 다듬기,
채 썰기, 보리차 끓이기, 분리수거 전 페트병 라벨 제거하기,
화분에 물 주기, 아기 장난감 정리하기 등 무려 36가지의 세
세한 일이 나왔다. 요리, 빨래, 청소, 아기 돌봄처럼 둔한 분

류로는 미처 인식할 수 없었던 가사 노동의 일부가 교실에서 생생하게 드러나는 순간이었다. 다양한 집안일을 찾아본 소감을 학생들에게 물었다. 한 학생은 "집안일 종류가 너무 많아 (말하면서도) 당황스러웠다"고 했다. 한 남학생은 "짱구 엄마가 쉬었으면 좋겠다"는 공감적인 태도를 드러냈다. 평소 그 학생에 대한 나의 인상에 비추어 전혀 기대하지 않았던 대답이라 그 반응이 내심 감동적이었다.

5·18 민주화 운동과 4·16 세월호 참사에 대해 묻기

6학년 사회 교과서는 4·19 혁명, 5·18 민주화 운동, 6월 민주 항쟁을 소개하며 일련의 사건들이 민주주의 발전에 결정적 계기가 되었다고 설명한다. 학생들과 5·18 민주화 운동을 공부한 뒤, 5월 18일이 다가왔다. 교육 계획을 세우다가 5·18을 소재로 한 어린이책 작가의 온라인 북 토크 소식을 듣고 단체 참가를 신청했다. 외부 교육 프로그램에 참여하려면 학교장 허가가 필요해 관리자(교장·교감 등)에게 전화를 걸었다. 그런데 용건을 말하자 그가 곤란해하는 게 느껴졌다. 나는 5·18 민주화 운동이 교육과정에 공식적으로 포함된 내용임을 다시 한번 짚으며 논쟁을 피하고자 했다. 그는 알아보겠다며

모두를 포괄하는 교육에 대한 상상력

전화를 끊었다.

이후 나는 그와 면담했다. 그는 나의 '좋은' 의도와는 달리 민원이 우려된다고 했다. 4·16 세월호 참사에 관한 교육을 실시했다가 1년 내내 민원에 시달린 사례도 언급했다. 1시간 수업을 위해 학교가 위험을 감수할 수 없다는 판단이었다. 이후에도 몇 차례 논의했지만 결론은 같았다. 관리자들은 어린이에게 이 같은 사건을 교육하는 일은 이념적·정치적·편향적 교육으로 비춰질 우려가 있으며 교육은 '정치적 중립'을 지켜야 한다고 보았다.

민원을 두려워하여 특정 주제의 교육을 반대하는 기저에는 5·18이나 4·16 같은 사건을 다루는 일은 정치적으로 위험하다는 선입견과 어린이는 옳고 그름을 적절히 판단할 수 없는 '미성숙한' 존재이기에 초등교육은 사회적으로 '합의'된 것만을 다루어야 한다는 잘못된 전제가 깔려 있다. 하지만 이러한 교육이 정치적이기에 문제가 된다는 편견이 수용되는 순간, 그동안 차근차근 넓혀온 교육의 범주는 국가권력에 순응하는 온순한 국민을 육성하고 기업·자본이 요구하는 인력을 양성하는 데 부합하는 협소한 것으로 다시 축소되고 만다. 나는 정치 교육을 통해 학생들에게 질문하고 싶었다. 국민을 지키기 위해 존재하는 국가가 국민에게 폭력을 행한다면, 국민은 어떤 선택을 내려야 할까? 평화와 민주주의를 요구하기 위해 폭력을 행하는 역설은 허용될 수 있을까? 어떤 폭력은 정당하다는 사실을 어떻게 판단할 수 있을까?

며칠간의 작은 소란이 지나고 코로나19로 인한 거리 두기가 해제되던 때, 법원 현장 체험 학습이 확정되었다. 국가 폭력을 비판적으로 검토하는 교육 활동과 달리 법원을 방문해 국가기관의 역할에 대해 알아보거나 모의재판에서 학생들이 판사·검사·변호사 역할을 맡아 모두가 선망할 법한 미래상을 그려보는 교육 활동을 하는 일은 빠르게 '합의'되었다. 국가가 저지른 역사 속의 폭력을 말하는 일은 꺼리는 반면 이미 권력을 가진 자들의 역할·지위·영향력을 모방함으로써 학생들이 기존의 질서와 위계를 자연스레 내면화하도록 이끄는 일은 교육이 마땅히 해야 할 일로 여겨진다. 하지만 이러한 '자연스러움' 또한 사실상 매우 이데올로기적이라는 점은 그다지 지적되지 않는다.

이윤 때문에 죽은 존재에 대해 말하기
나는 비건이다. 그래서 동물성 성분이 포함된 급식을 먹을 수 없다. 대신 도시락을 싸 오거나 비건 빵을 구입해 점심으로 먹는다. 학생들은 가끔 내게 왜 고기를 먹지 않는지, 혹시 지금 다이어트를 하는지 묻는다. 나는 그들에게 고통이나 두려움을 주지 않도록 가볍게 표현하려 노력하면서도 우리가 구성하는 육식 문화의 진실을 드러내는 짧은 대답을 되돌려 주기로 했다. "고기를 먹으면 동물이 죽잖아." 내 말을 들은 어린이들은 떨떠름한 표정을 짓곤 한다.

탄소 중립과 생태 전환 교육이 미래 교육의 중요한 키워드가 되면서 채식에 대한 논의가 늘어났다. 하지만 이 맥락에서 채식은 '인간의 생존을 위협하는 기후 위기를 늦추는 방안'이라는 인간 중심적 차원에서 논의될 뿐이다. 여전히 소·돼지·닭·양·오리 같은 축산동물은 고유한 존재가 아닌 먹거리의 일부로 호명된다.

나는 사회 수업에서 학생들과 함께 '담합'에 관한 뉴스를 시청했다. 지난 수년간 '국민 간식' 치킨값이 지속적으로 오른 이유는 닭고기 공급 업체들이 생산량·출고량을 줄이고, 판매가를 높이기로 부당하게 합의했기 때문이라는 내용이었다. 물가 상승 요인으로 치킨 가격이 올랐다고 믿었던 소비자들이 진실을 알고 분노하는 반응도 담겨 있었다. 뉴스를 시청

한 학생들 또한 배달 앱에서 치킨을 시키면 2만 원이 넘는다며 억울해했다.

닭고기 업체는 생산량·출고량을 줄이기 위해 병아리와 달걀을 '폐기'했다. 더 큰 돈을 벌어야 한다는 기업과 인간의 이기심 때문에, 살아 있던 병아리들이 말 그대로 떼죽음당한 것이다. 병아리들을 죽음으로 몰아넣은 것은 몹시 잔인한 결정이며 이러한 현실에 깊은 슬픔을 느끼는 사람도 있다는 사실은 담합을 다루는 어떤 뉴스에서도 찾아볼 수 없었다. 동물 또한 인간처럼 고유한 존재라는 것이 인정되지 않는 세상이기 때문이다.

수업의 일환으로 닭고기 가격 담합 사건이 왜 문제가 되는지를 따져보았다. 기업은 담합으로 부당이득을 취해 소비자에게 피해를 입히며, 자유경쟁에 기반한 시장 질서를 파괴한다. 그렇다면 죽임당한 병아리에게 이 행위는 어떤 의미일까? 한 학생이 "이거 동물학대 아닌가요?"라고 했다. 몇몇 학생이 고개를 끄덕였고, 나는 오리고기 가격 담합 사건 때도 수많은 오리가 똑같이 죽임당했다는 점을 알려주었다. 물론 육식이 권장되고 동물의 죽음이 기본값인 세상에서 사람들이 이 사건에 진실로 슬퍼하기까지는 더 긴 시간이 필요할 것이다.

모두를 포괄하는 교육에 대한 상상력

나는 페미니스트이기 때문에 비건이 되었다. 내가 속한 집단의 억압을 설명할 수 있게 되면서 그와 유사한 방식으로 작동하는 다른 억압을 인식하게 되었다. 나는 내가 세상의 여러 차별과 폭력을 인식할 수 있는 교차 페미니스트라는 점에 자부심을 느꼈다. 그런데 어느 날, 여성이 경험하는 차별과 폭력에 대해 분노하던 테이블에서 우리가 먹어치우던 음식이 실은 동물의 죽음으로 이루어졌다는 사실을 깨닫게 되었다. 그 순간 나는 "모든 차별에 반대한다"고 말하면서도 어떤 폭력에 대해서는 내가 아무것도 알지 못한다는 점을 인정할 수밖에 없었다.

나는 페미니스트와 비건이 동의어라고 생각한다. 세상의 모든 차별에 반대하는 사람이 페미니스트라면 그는 많은 동물이 인간의 잔혹한 폭력과 착취에 시달리다가 죽어가는 문제에 고통을 느끼며 함께 맞서고자 할 것이다. 동물의 삶에도 내재적 가치가 있음을 믿는 사람들이 만들어가는 세계는 분명 지금보다 더 나은 평등이 자리한 곳일 테다.

'양성평등'이 설명하지 않는 존재에 대해 말하기

나는 동료 교사들과 성평등 교육을 주제로 모임을 하고 있다. 한 달에 한 번씩 모여 페미니즘이나 성평등 교육에 관한 책, 우리가 경험한 일에 관해 대화한다. 언젠가 한 동료가 트랜스젠더(transgender)에 관한 이야기를 꺼냈다. 그는 (여성이 되고자 간절히 욕망하기에) "여성 대상 폭력에 대해 여성이 느끼는 공포마저 선망한다"고 말하는 트랜스젠더가 있다는 말을 들었다며 분노했다. 또한 시스젠더* 여성의 입장에서 MTF(Male To Female) 트랜스젠더가 사회적 약자라는 것에 동의할 수 없다고도 말했다. 나 역시 여성을 대상으로 하는 폭력이 여전히 심각하며 이를 막기 위해 더 많은 사회적 자원이 필요하다는 입장을 지지하지만, 안타깝게도 그가 말한 것은 트랜스젠더를 향한 흔한 혐오적 인식 중 하나였다.

트랜스젠더는 차별받는 존재가 아니며 여성은 그들로부터 위협받고 있다는 인식은 정당할까? 나는 이러한 인식이 현실을 정확하게 설명한다고 생각하진 않지만 존재할 수 있음을 안다. 인식이라는 것은 무지·편견·고정관념·비과학 등에 종종 휘둘리기도 하니까. 하지만 여성이 경험하는 고통이나 피해를 설명하려는 이들, 여성의 지위 향상이라는 공동의 목표

---

* 지정 성별과 성별 정체성이 일치하는 일 또는 그러한 사람.

　　　　　　　　　　모두를 포괄하는 교육에 대한 상상력

를 지닌 이들이 그 같은 언술로 트랜스젠더를 혐오할 때 나는 이렇게 반박하고 싶다. 일부 여성들이 트랜스젠더가 경험하는 차별이나 폭력을 인정하지 않는 것과 꼭 같은 구조에서 어떤 남성들 역시 "여성에 대한 차별은 더 이상 존재하지 않는다"고 말한다고. 차별과 폭력이 존재한다는 것을 온몸으로 설명하려는 사람들 앞에서 "그런 차별은 존재하지 않는다"고 단언하는 태도가 권력의 차이를 반영한다는 점을 살펴봐야 한다고. 일부 시스젠더는 트랜스젠더들이 경험하는 어떤 감각이 특권을 지닌 자신은 알지 못하는 어떤 것임을 인정하려고도, 혹은 그들의 설명을 들으려고도 하지 않기 때문에 사실상 자신이 그들에 대해 거의 아무런 지식도 갖추지 못했음을 깨닫지 못한다. 심지어 어떤 이는 자신의 경험이나 지식으로 설명할 수 없는 것에 대해 '중요하지 않다'거나 '무가치하다'거나 '그런 것은 존재하지 않는다'는 잘못된 판단을 내린다.

트랜스젠더임이 알려진 사람이 교사로 채용될 수 있을까? 사회적으로 많은 여성이 교사라는 직업에 배치되는 현상은 여성에 대한 구조적 차별이 존재하는 현실을 설명하는 사례로 종종 등장한다. 하지만 잊지 않아야 할 것은 사회가 인정하는 이분법적인 성 정체성 안에 자리할 수 없기에 교사가 되기 위한 과정에 아예 올라설 수 없거나 혹은 교사라는 자격을 빼앗기는 사람들이 우리가 비판하는 이분법의 위계 '바깥'에 존재한다는 사실이다.

트랜스젠더라는 정체성과 사회적 지위에 대한 논쟁을 벌이다가 "그렇다면 '성 정체성' 개념을 학생들에게 설명할 수 있는가" 하는 질문이 이어졌다. 여러 입장에서 트랜스젠더의 존재를 인정한다고 말하던 사람들조차 이 질문에 한목소리로 답했다. "학생의 성장과 발달을 지원한다면 그와 같은 지식은 초등학교에서 다룰 필요가 없거나 다루어서는 안 된다"는 것이다. 함께 자리한 사람들이 재생산해내는 오해나 통념을 조심스럽게 반박하느라 조금 지친 나는, 같은 목소리를 내는 사람들 앞에서 비겁하게 입을 다무는 쪽을 선택했다.

다양한 성 정체성이 역사적으로 존재했으며 우리가 살아가는 현시대에는 성 정체성을 설명하는 개념이 점차 세분화되고 있음을 안내하는 일은 과연 학생들의 사고에 혼란을 야기해 그들의 '성장과 발달'을 저해할까? 나는 오히려 대다수의 혼란이나 혐오는 어떤 경험이나 지식이 사회적·문화적으로 금기시되고 공식적인 장에서 논의되지 않기 때문에 생겨난다는 점을 짚고 싶다. 여전히 월경에 대한 미신이 남아 있거나 관련 지식이 제대로 다루어지지 않기 때문에 여자들을 월경 때마다 작은 오두막에 감금·격리하는 일부 문화권의 사례처럼 말이다. 그것을 가리키는 언어나 지식이 있든 없든, 대다수의 사람이 인정하든 하지 않든 어떤 경험·감각·현상·존재는 분명히 실재한다. 오히려 어떤 감각이나 경험을 마주했지만 권력을 반영하는 언어나 지식이 이를 설명하지 못할 때 사람들은 혼란을 느끼는 것이다. 여기에서 어떤 이들은 이를 은폐하는 체제 안에 존재하는 차별을 인식함으로써 언어를 찾기 위한 투쟁을 시작한다. 성별을 이분법으로 설명하는 세계는 이분법에 포괄되지 않는 존재들에게 동등한 자리를 내어주지 않는다. 내가 부인할 수 없는 어떤 정체성이 나에 대한 차별이나 폭력을 정당화하는 근거가 되기도 한다는 사실을 알아가는 과정은 자부심이나 해방이기에 앞서 고통이된다. 우리가 진정으로 모든 학생의 '성장과 발달'을 중요한 교육 목표로 추구한다면 성소수자임을 자각한 학생들이 불필요한 혼란이나 고통을 겪지 않도록 그 자신을 설명하는 지식을 안내할 수 있을 것이다. 또한 성소수자에 대한 지식이 우리가 편안하게 여기는 질서를 뒤흔들거나 혼란을 야기하리라고 생각하는 이들을 설득하는 일에 함께 나서게 될 것이다.

이러한 노력은 성소수자가 아닌 이들이 성소수자의 경험을 이해하고 성소수자에게 좀 더 친화적인 사회·문화를 만들어 나가는 데도 도움이 될 것이다. 성별을 두 개로 구분하는 이분법적 설명이 사실은 유효하지 않았음을 많은 사람이 깨닫는다면, '양성평등'이라는 개념은 폐기될 것이다. 양성평등이 구시대의 개념으로 여겨지는 세계에서는, 이분법적 위계의 하부 혹은 체계의 바깥에서 자신의 젠더로 인해 억압받아야 했던 소수자들이 한층 자유로운 공기를 마시며 본연의 삶을 누리게 될 것이다.

소수자의 권리를 보장하는 문화

학생의 역량에 대한 신뢰

거리 두기는 우리의 일상과 더불어 학교 풍경을 바꿨다. 학생들은 매일 마스크를 쓴다. 급식실의 투명 가림막도 여전하다. 공용 식기를 쓰는 대신 학생들은 개인 수저를 지참한다. 전에는 입을 가까이 대고 물을 마시던 음수대도 아직 잠겨 있다.

모두를 포괄하는 교육에 대한 상상력

거리 두기가 해제된 어느 날, 전교어린이회가 열렸다. 한 학급 대표가 음수대에서 다시 물을 받게 해달라는 의견을 냈다. 날이 더워져서 신체 활동을 하면 더 많은 물이 필요한데 개인 물병에 물을 담아 와도 물이 늘 부족해 불편하다고 했다. 몇몇은 이 의견에 반대했지만 대다수는 음수대를 열자는 의견에 동의해 이를 담당자에게 전달했다.

담당자는 '곤란하다'는 의견이었다. 아직 모두 마스크를 쓰고 다니지만 분명 규칙을 어기고 음수대에 입을 대는 학생이 있을 것이라 말했다. 나는 코로나19가 위생에 대한 우리의 감각을 바꾸었기 때문에 음수대 이용 규칙을 충분히 안내하면 이를 어기는 학생은 거의 없을 테니 긍정적으로 검토해달라고 말했다.

교실로 돌아와 학생들의 의견을 물었다. 나는 학생들이 음수대 사용 재개에 당연히 찬성할 거라 믿었다. 그런데 그들은 입을 모아 말했다. "분명히 입 대고 마시는 애들 있을걸요." 학생들은 다른 아이들을 믿지 않았다. 어쩐지 충격적인 전개였다. 나는 다시 물었다. "음수대를 사용할 때 입을 대고 마실 사람은 손 들어 보세요." 그 질문에는 아무도 손 들지 않았다. 모두가 규칙을 지키겠다고 약속하는데도 왜 우리는 다른 사람을 믿지 못하게 됐을까?

　나를 포함한 많은 교사는 종종 일부의 문제를 모두의 문제인 양 과장한다. 규칙을 어기거나 문제를 일으킨 사람에게 주의를 주면 끝날 일을 공개적으로 말하며 "단체 생활이니 모두 알아야 한다"고 하거나, 모두에게서 재발 방지 약속을 받아내고자 한다. 그 순간 모든 학생은 잠재적으로 문제를 일으킬 수 있는 믿지 못할 사람으로 취급된다. 심지어 일부가 저지를 문제를 예방하고자 모두의 이익이나 권리를 제한하는 반인권적인 전략을 선택하기도 한다. 이 같은 선택이 가능한 것은 제한받는 대상이 오로지 어린이이기 때문이다. 이런 교육에서 파생할 수 있는 더 심각한 문제는 학생이 교사의 말을 내면화해 자신과 자신이 속한 집단의 역량을 신뢰하지 못하게 되는 것이다. 교사는 어린이들이 어른과 마찬가지로, 말한 것을 실행할 능력을 갖추고 있음과 더불어 실패할 수도 있다는 사실을 기억해야 한다. 동시에 학생들이 규칙을 지키는 일에 때때로 실패한다는 사실이 미성숙의 증거가 아님을 알아야 한다. 하지만 우리는 종종 이 사실을 잊어버리고 어린이로 살아가는 존재에 대한 부정적인 이미지들을 확고한 것으로 여기기도 한다. 아동을 향한 혐오는 여기에서 비롯된다.

　　　　　　　　　모두를 포괄하는 교육에 대한 상상력

경력이 적은 교사의 역량에 대한 재평가

나는 비교적 늦게 교사 생활을 시작해 내 나이대의 다른 선생님들보다 교육 경력이 적다. 내가 발령을 받은 지 얼마 되지 않았을 때 한 관리자가 나의 행동을 문제 삼으려고 '햇병아리 교사', '초등학교 1학년'이라는 비유를 사용했다. '햇병아리'라는 표현은 다른 조직 문화를 경험한 나의 역사를 모욕하는 말이라 여겨져 화가 났다. '초등학교 1학년'이란 비유 역시 어린이를 미성숙한 존재로 전제한 부당한 말이었다.

어느 날 교사를 대상으로 한 워크숍에 진행자로 참여했다. 인권 사업을 담당하는 교사들이 참여하는 행사였다. 대부분은 업무 담당자라 익숙하게 참여했지만 모임을 낯설어하는 이도 있었다. 그에게 자기소개를 부탁하니 그는 자기 학교에 워크숍 참석할 사람이 없어 자신이 왔는데, 발령받은 지 3개월째라 아무것도 모른다고 말했다. 다른 교사도 고개를 끄덕이며 "그때는 정신없을 때지"라고 했다. 간혹 SNS 계정에 '햇병아리' 혹은 'Lv.0'(교육 경력이 1년 미만이라는 뜻)을 프로필에 써둔 교사를 볼 때도 있다. 경력이 적다는 것을 '미성숙'으로 설명하는 이 같은 태도는 아동·청소년의 판단 능력과 역량을 폄하하고 이들에게 동등한 권리를 보장하지 않는 문화와도 연결된다.

그렇다면 나이가 어린 사람, 경험이 적은 사람의 역할과 능력을 인정하지 않으면서도 종종 이들의 '젊음'만을 착취하려는 교직 문화는 괜찮은 걸까? 경력이 많은 이들은 경력이 적은 교사들에게 "학급 운영을 열심히 배워야 할 시기"라고 말하면서도 학교의 여러 업무 가운데 학교폭력 사안 대응이나 어린이회 운영 지원처럼 가장 많은 시간·노력·관계 자원이 필요한 일을 '강제' 배정한다. 학생들 '머리가 커서' 교사들이 관계 맺기가 좀 더 까다롭다고 알려진 5·6학년 담임도 주로 경력이 적은 교사들의 몫이다. 경력과 전문성은 비례한다고 말하면서도, 위험성이 커서 그야말로 전문성이 필요한 일들은 경력이 적은 교사나 학교 내에서 발언권이 적은 기간제 교사 등에게 배정한다. 학교라는 조직 문화의 상부에 있는 이들이 '전문성'에서 비롯된 권위뿐만 아니라 '위험성 적음'이라는 업무 안정성까지 모두 독점하려 하는 셈이다.

나는 교육 경력만을 유일한 잣대로 교사의 전문성을 평가하는 이들, 그리고 경력이 많은 사람들에게 발언권과 결정 권한이 집중되는 구조에 문제를 제기하고 싶다. 경력이 적거나 젊은 교사 역시도 발언권을 보장받아야 하며 이들에게는 오

모두를 포괄하는 교육에 대한 상상력

래 일한 교사와는 다른 능력이 있다는 점이 발견되어야 된다. 예를 들어 이들에게는 최신의 교육 담론을 활용하고, 어린이와 살아갈 교실을 새롭게 상상하며, 경계인의 입장에서 부조리하게 보이는 조직 문화에 질문할 수 있는 감각이 있을 수 있다. 물론 이는 그들 스스로 자신의 능력을 믿고, 주변에서 그 능력을 활용할 수 있는 기회를 보장할 때 드러날 것이다. 저경력이라는 말로 그들의 전문성을 폄하하는 게 아니라 그들에게 또 다른 권위가 있음을 인정하고 그들의 발언권을 보장하는 문화로 나아가야 한다.

다양성이 존중되는 공간 만들기

내가 일하는 학교에서 최근 우유 무상 급식 재개에 관해 두 건의 설문을 진행했다. 먼저 급식실이 아닌 교실에서 마스크를 벗고 우유를 마시는 일에 동의하는지를 놓고 양육자들에게 의견을 물었다. 대다수의 양육자가 이를 수용하겠다고 답했다. 우유 급식 재개가 확정되자 이번에는 '우유 급식 미신청자' 설문이 이어졌다. 전교생 가운데 약 10%의 학생이 '우유 급식 미신청' 의사를 밝혔다. 그들은 "우유를 마시면 배탈이 나서", "소화불량" 등을 사유로 들었다.

우유를 마실 수 없는 학생들이 남긴 다소의 비용은 어디에 사용되는 것일까? 우유 급식에 관해 발송된 가정통신문은 일부 학생이 우유를 신청하지 않아 남게 되는 비용은 "급식의 질을 개선"하는 데 보태어진다고 '친절하게' 설명했다. 놀라운 사실은 이러한 안내에 대해 학교 구성원 그 누구도 질문이나 다른 의견을 제기하지 않았다는 점이다. 우유 하나당 고작해야 300~400원에 불과하니까 그 정도 비용은 소수자들이 모두를 위해 선의로 양보할 수 있다고 생각해야 할까?

역사적으로 학교는 개개인의 다양성 추구를 부당하게 외면거나 묵살해온 공간이다. 그리고 우리 대다수는 학교 공간의 성격을 변화시키기 위해 공개적으로 문제를 제기하거나 행동해본 경험이 부족하다. 오래전부터 학교는 우유를 제공하고 우유를 마실 수 없는 이들은 이 서비스에서 배제되어왔다. 이제는 우유를 대체할 수 있는 다양한 상품이 준비되어 있는 풍족한 시대인데도 대다수는 학교 우유 급식의 획일적 제공에 문제가 있다는 것을 인식하지 못한다. 공공서비스를 제공하는 입장에 놓인 교직원만 알아차리지 못하는 것이 아니다. 우유를 마실 수 없는 학생 또는 학생의 보호자들도 획일적 우유 급식을 권리의 문제로 인식하지 못하는 경우가 많

모두를 포괄하는 교육에 대한 상상력

다. 우유를 마실 수 있는 몸은 '정상'이고, '정상'이라는 범주에 들어가지 않는 사람도 어쩔 수 없이 규칙을 수용해야 한다는 생각에 익숙하기 때문이다.

이러한 문제를 해결하기 위해 우리는 '사소한' 장면에서부터 다양성을 추구하고 보장하는 방법에 대해 더 많이 이야기할 수 있다. 경제적 배경, 인종, 젠더, 성적 지향, 장애 여부, 가족 형태, 식이, 신념 등 개개인의 위치나 입장은 저마다 다르다. 학교나 군대 같은 제도가 세심하게 살피지 못하는 지점을 논의하는 것은 모두를 포괄하는 진정한 공정과 평등을 실질적으로 추구하는 일이자, 우리를 옥죄어온 '정상성'이라는 틀에 균열을 내는 작업이 될 것이다.

또한 우리는 다양성을 실현하는 일이 공짜가 아니라는 것을 기억해야 한다. 예를 들어 우유를 마실 수 없는 학생에게 '당연하게' 우유를 제공하지 않았던 관행이 차별이라는 사실을 인식하려면 앎이 필요하다. 또한 우리가 알게 된 문제를 실질적으로 개선하기 위해 학생·양육자·전문가 등의 생각과 의견을 모으는 일에는 물리적 시간과 이를 결정에 주요하게 반영하려는 노력이 필요하다. 마지막으로 여러 사람의 의사와 다양성을 반영해 가공유, 두유, 아몬드 음료, 귀리 음료 등을 준비하기 위해서는 실질적인 비용이 마련되어야 한다.

나는 다양성이 우리의 일상에서 더 활발하게 인식되고 더 많은 논의를 요청하는 개념이 되기를 바란다. 관습적으로 이루어져온 일들이 늘상 소외하고 배제한 것은 무엇인지, 효율성이나 다수결만을 앞세워온 역사는 어떻게 소수자들에게 크고 작은 상처를 입혔으며 끝내 우리 내면의 약자성마저도 억압하는 제도가 되었는지를 인식할 수 있다면 더 많은 이를 포괄할 수 있는 다양한 아이디어가 나타날 것이다. 대화를 통해 새로운 답을 찾아가는 과정이 낯설거나 따분하더라도 이러한 절차가 기본으로 자리 잡는다면 더 많은 사람이 공동체의 활동에 참여하게 될 테고, 공동체는 점점 단단해질 것이다.

다른 세상을 상상하는 교육 공간

다른 교육은 가능할까? 페미니스트 페다고지는 페미니즘이라는 새로운 인식론을 도구로 삼으면 다른 교육을 실현하기 위한 아이디어들을 상상할 수 있다고 설명한다. 페미니스트 페다고지를 실천하며 나는 발언권을 보장받지 못하는 학생이

나 양육자, 동료 교사의 권익을 어떻게 고려해야 할지 생각하게 됐다. 그리고 내가 속한 교육 현장이 혐오, 차별, 폭력, 불합리한 구조와 어떻게 연동되는가를 질문하게 됐다. 중요한 주제로 여겨지지만 실은 기존의 권위와 위계, 특권을 강화하는 데 기여해온 교육 주제들이 감추는 것을 드러내는 방법을 알게 되기도 했다. 또한 페미니스트 페다고지는 평등·존중·민주주의 같은 가치를 약화하는 고착된 신념이나 사람들의 상식에 도전할 용기를 제공하는 원천이기도 하다.

페미니즘 이론이 벨 훅스에게 치유의 공간이었듯 페미니스트 페다고지 역시 내게 공간을 만들어준다. 도저히 참을 수 없는 혐오의 말을 경멸하거나 변하지 않을 듯한 세상에 절망하는 것을 넘어, 페미니즘을 탐구할 기회를 만나지 못했거나 페미니즘을 오해하는 사람과 대화하고자 할 때 페미니스트 페다고지에서 배운 것을 되짚어본다. 그것은 척박한 학습·노동·양육 환경에서 그저 살아남기 위한 효율만을 추구해온 개개인의 삶에 비집고 들어와, 우리가 속한 체제에서 존엄·자유·평등·반폭력과 정의를 실현하기 위한 윤리적 질문들을 잊지 말자고 일깨우며 '다른 세상을 상상할 수 있는 가능성의 공간'을 열어준다.

페미니스트 페다고지를 공부하며 나는 정당한 교육적 권위일지라도 그것이 역사적으로 교육자·연장자·남성·비장애인·백인·이성애자에 해당하는 특권을 가진 이들에게 집중되어왔기에 모두의 권리를 포괄하지 못했음을 깨달았다. 그리하여 교육자인 내가 지닌 권위로 무엇을 추구해야 할지, 이 권위가 부당한 권력으로 표현되지 않으려면 무엇을 경계해야 할지를 고민하게 되었다. 교육을 통해 정의와 평등을 설명하는 방법은 무엇일까? 경쟁과 긴장을 유발하는 교육이 아니라 각자가 자신의 권리를 말하고 주변 사람들이 이를 듣는 돌봄 기술을 지향하는 교육은 무엇일까? 이 같은 질문을 품고 나는 더 사려 깊은 교육자가 되기 위해 애쓰고 있다. 그러자 내가 살아가는 교실의 공기가 바뀌었다. 내가 페미니즘, 그리고 페미니스트 페다고지에서 얻고 질문하게 된 것들이 당신의 앎과도 연결되기를 소망한다.

모두를 포괄하는 교육에 대한 상상력

"학생들은 스스로 생각하는 힘을 기를 수 있는
예술교육을 통해 전보다 확장된 자유로움을
만끽할 것이다."

페미니스트 음악 선생님

레일라

교실 안팎으로 더욱 크게 자라는 마음들

어떻게 하면 상호 존중이 이루어지는 교실에서 모두에게 안전한 학습을 지도할 수 있을까? 건설적인 비판성과 창의성을 잇고, 사회에 기여하도록 마음을 이끄는 예술교육이란 무엇일까? 이러한 질문들과 끊임없이 씨름해왔지만, 자신과 타자의 관계를 숙고하도록 이끌기보다 오직 '나'에게 집중하도록 만드는 무한 경쟁식 교육에 노출된 아동·청소년을 마주하면 마음이 막힌 듯 멈칫한다. 비단 아동·청소년만의 문제가 아니다. 우리는 사회에 만연한 성차별주의적 관습과 권위적 환경에서 '진정한 예술교육이란 무엇인지' 고찰할 기회를 얻지 못한다.

　나는 초등교육은 한국에서, 중·고등교육은 미국 캘리포니아주에서 받고, 대학 학사 과정은 또다시 한국에서 공부했으며, 석사 학위는 프랑스에서 취득했다. 이처럼 한곳에 머무르지 않고 여러 문화의 경계선을 넘나들며 살아온 경우는 흔하지 않은지라 "국제적인 경험을 쌓고 다양한 사람을 만나서 좋겠다"는 부러움 섞인 한탄을 주변에서 심심찮게 들어왔다. 나는 그러한 반응에 "반은 맞고, 반은 틀리다"고 답한다. 낯선 곳에서, 다른 문화권의 다양한 제도와 사상이 무수히 교차하는 가운데 유년 시절을 보냈다는 것은 매일 조각나는 정체성을 이리저리 꿰매왔다는 말과도 같다. 늘 바뀌는 환경에서 나와는 다른 인종·문화·사상의 사람들을 마주하다 보니 사고의 다양성을 비교적 쉽게 습득할 수 있었음은 사실이지만, 그 어디에도 '온전한 나'로서 소속될 수 없어 내내 방황했기 때문이다. 나를 소개하는 자리에서는 유학을 다녀온 배경을 설명하는 일을 피하려 해도 자연스레 나의 '스펙'에 대한 질문을 받고, 내 경험이 진열대에 올려져 서열화되는 분위기 속에 놓이게 된다. 나의 가치관과 음악 또는 글보다는 나의 학벌·출신·성(性)·외모·능력 등으로 세세하게 평가당하는 건 노상 겪는 일이었다.

한국의 예술대학에서 학사 과정을 졸업하고 1년 뒤 문득 유럽권 유학을 결심했다. 어디에도 속할 수 없다고 느꼈기에 환대에 대한 갈망과 지적 욕구를 채워줄 곳이 절실했다. 이를 메꿔줄 곳을 또 한 번의 해외 유학에서 쉽게 찾을 것이라고 기대하진 않았지만, 일단 결심하자 어렵지 않게 다시 훌쩍 떠날 채비를 꾸릴 수 있었다. 공부를 시작하면 4~5년은 그 나라에 머물 테니 비교적 학비가 저렴한 곳을 찾다가 프랑스에 위치한 국립 음악원, 그중에서도 교수님들이 추천한 기관 몇 곳에 연락을 돌렸고 마침내 입학시험 날짜가 정해졌다. 한국에서 대학을 다니며 익숙해졌던 일괄적인 시험과 상대평가제와는 달리 프랑스에서의 첫 시험은 오직 나의 철학을 이끌어내는 질문과 긴 대화로만 이루어졌다. 지금까지 학습한 것들을 철저하고 명확하게 보여주고 뽐내려고 준비했던 나는 내 능력이나 출신이 아닌 나의 사상에 초점이 맞춰진 교수들의 질문 세례에 당황했다. 시험을 치르는 다른 학생들이 교수들과 토론하듯 자유롭게 대화를 나누는 모습 또한 충격적이었

페미니스트 음악 선생님

는데, 알고 보니 이는 그들의 문화였다. 한 손에는 음료 잔을 들고 여유롭게 걸어 다니며 다른 사람들과 담론을 교류하는 교육 콘퍼런스 같은 분위기의 시험장을 경험하기는 처음이었다. 정치·경제·문화 등 사회 전반에 걸친 주제에 대해 자기 생각을 이야기하는 데 능숙한 그들은 나이나 성별에 상관없이 열띤 토론을 벌였다. 자신이 받아온 음악교육, 그동안 접하고 영향받은 음악 등을 학생뿐만 아니라 교수도 자유롭게 나누고, 이 교육과정을 통해 진취하고자 하는 목표와 비전을 공유하며 조언을 주고받는 신기한 풍경을 앞에 두고 한국 대학에서의 기억이 떠올랐다. 만약 내가 한국에서 대학원 입학 시험을 봤다면 어땠을까? 과연 나는 대학원 과정에서 나의 성적을 결정하고 연구를 평가할 권력을 쥔 교수들과 함께 '나'에 관해 자유롭게 이야기할 수 있었을까?

　나는 여태까지 비교적 운이 좋았던 편이라고 생각하지만, 인생에서 가장 힘들었던 시기를 꼽자면 내가 지녀온 모든 관념을 재정의해야 했던 프랑스 유학 시기였다. 파리에서 마주한, 내가 이전에 경험한 교육과는 정반대 방향의 경험들은 혼란스러운 나의 정체성을 여러 갈래로 성찰하도록 이끌었다. 그곳에선 성차별적 관습과 교육에 나를 억지로 끼워 맞추려고 노력하지 않아도 되었다. 다른 질문을 던질 수 있도록 나를 있는 그대로 수용하는 공동체와 문화, 고정관념의 틀을 깨는 다양성에 대한 존중, 교육은 가르치는 것이 아니라 발견하는 것을 토대로 이루어져야 한다는 인식 등은 그 사회의 시민 모두가 공연하게 받아들이는 '당연한' 관념이었다.

석사과정을 공부하는 5년 동안 두 군데의 음악원을 다니며 다양한 사고방식을 지닌 여러 사람을 만났다. 음악을 배우고 공유하려 모인 다채로운 문화적 배경의 20대 초반부터 50대까지의 학생들은 나이와 인종이 하나도 겹치지 않는, 갖가지 특성이 교차하는 그룹이었다. 성적이나 평가에 아랑곳하지 않고 배움의 무대로 뛰어드는 학생들의 강단과 성별·인종·나이에 상관없이 학습자들을 동등하게 대하는 교수의 태도, 그리고 이런 일을 당연하게 받아들이는 학생들이 이루는 조화는 무척 자연스러웠다. 교실과 무대 위에 불필요한 서열이나 권위 따위는 존재하지 않았다. 신뢰와 헌신의 분위기가 만연한 교실에서 교수와 학생이 동등한 위치에서 토론하며 음악 이론을 교류하고 함께 연주하는 것은 마땅한 일이었다.

무엇이 음악원 사람들을 교실 안에서 이토록 자유롭게 한

페미니스트 음악 선생님

걸까? 전에는 단 한 번도 교실에서 이러한 경험을 할 수 있으리라고 상상하지 못했다. 음악원 첫 수업 시간에 나는 동료 학생들을 신뢰하지 못한 채 부정적으로 평가당할까 봐 불안에 떨며 로봇처럼 삐걱댔다. 하지만 이내 자유로운 수업 분위기에 익숙해졌고, 토론과 듣기 중심의 커리큘럼에 녹아들었다. 한국 학생들이 유럽권 대학교·대학원에서 공부하기 시작할 때 공통적으로 하는 실수가 있다. 바로 교수님을 '교수님'으로 부르는 것이다. 그러나 프랑스에선 그 누구도 교수님을 '교수님', 즉 'Professeur'나 'Madame' 또는 'Monsieur'라고 부르지 않는다. 나 또한 첫 학기 초반엔 교수님에게 메일을 보내며 습관적으로 'Professeur'라고 적었다. 하지만 이내 학교 내에서 '교수'는 그저 직함일 뿐이며, 구성원 모두 서로 동등하게 이름을 부르는 문화를 지향하고 이는 불필요한 서열을 해체하는 실천 가운데 하나라는 사실을 깨달았다. 학생이 마음으로 교육자를 존경한다면 복종은 필요하지 않다. 교육자들이 권위를 탈피해 학생들을 동등하게 존중하며 지적·정서적으로 풍부하게 이끌려는 자세로 대한다면, 교육자들을 향한 학생들의 존중과 존경은 자연스럽게 따라오기 때문이다.

음악원에서 첫 학기 앙상블* 수업에 처음 들어가 구석 자리에서 다른 학생들을 관찰할 기회가 있었다. 프랑스 학생들은 일찍부터 성별에 관계없이 드럼·색소폰·플루트·아코디언·피아노 등 다양한 악기에 자유롭게 접근하도록, 그리고 한 악기에 대해 단편적으로 배우기보다는 음악을 폭넓게 이해하도록 장려하는 교육을 받는다. 대부분 적어도 두세 가지 종류(관악기·현악기 등)의 악기를 배우기에 여러 장르와 기법을 심도 있게 해석할 수 있고, 다양한 합창 활동을 하며, 시창청음 수업을 의무적으로 받는 한편 개인의 학습 속도에 맞춘 발표회·연주회에 자발적으로 참여한다. 여성은 노래·현악기·피아노, 남성은 드럼·베이스 등 성별 차이에 기반해 이루어지곤 했던 1990년대 초반 우리나라의 음악교육 흐름에 따라 음악을 시작했던 나와는 달리, 프랑스 학생들은 어릴 적부터 자유롭고 다채로운 방향으로 음악을 접해오고 있었다. 반대로, 한국의 입시와 학력 중심 교육으로 인해 약화되는 음악교육의 위상은 고등학교에선 학년이 올라갈수록 음악 수업의 비중이 줄어들게 하는 요인으로 꼽힌다.

* 두 명 이상이 함께하는 노래나 연주.

페미니스트 음악 선생님

페미니스트 페다고지와 음악 교육의 연결고리

학창 시절 음악을 전공으로 선택한 것은 혼란스러운 정체성을 표현하고자 하는 나의 욕구가 음악과 가장 맞닿아 있었기 때문이다. 음악교육을 비롯한 예술교육에서 표현은 단순한 전달 기능을 넘어 인간의 생활에 내재한 풍요로운 감성을 표출하는 데 목적이 있다. 하지만 2000년대 실용음악과와 클래식 계열 학과 붐이 일어나면서 천문학적으로 증가한 음악 관련 학과 지망생들은 창의성과 비판성을 기르기보다는 기술적 훈련 측면만을 강조하는 교육을 학교 안팎에서 받았다. 피아노 학원에서 좁은 방 안 아이들에게 한 곡을 반복적으로 훈련하며 연습한 만큼 동그라미를 그리도록 하는 일이 수업 수단으로 만연했던 것은 단편적인 예이다.

나는 각자의 정체성과 자존감 그리고 예술성을 자유롭고 건설적인 방향으로 발전시키는 음악교육을 일구고 싶은 바람이 간절했다. 여러 현장에서 수업 경험을 쌓으며 실패하기도 하고 보람된 결과를 얻기도 하며 나만의 커리큘럼을 하나씩 쌓았다. 그 과정에서 새로운 대상과 개인적으로 의미 있는 관계를 만드는 일이 배움의 본질임을 느끼며, 타인을 중

오·혐오가 아닌 공존·유대의 자세로 대하는 실천에 관심을 두는 교육이 필요함을 깨달았다. 더불어 학생들에게 인생을 향유하고 음악을 연계하여 자유롭고 창의적으로 표현할 수 있도록 장려하는 방법으로, '초기 음악 교육'의 대중적인 접근법과 내가 늘 경계해온 획일적인 교육 현장을 탈피하고자 했다. 단순하고 반복적이며 학생들의 성장하는 정체성을 제한하는 수업을 깨려는 직관적인 시도를 꾀해야 한다고 생각했다.

예술교육계의 거장이자 미국에서 가장 창의적인 교사로 불리는 에릭 부스(Eric Booth)는 저서 《음악을 가르치는 예술가(The Music Teaching Artist's Bible)》에서 "음악 예술 교육의 보람은 이타적인 성격을 띠고 있으며(우리 문화가 음악이라는 형식을 수용하는 데 새로운 활력을 불어넣는다), 경제적으로 이로울 뿐 아니라(음악가로 살면서 수입을 늘릴 수 있는 몇 안 되는 확실한 방법 중 하나가 음악 예술 교육이다) 개인적으로도 의미심장하고(직접적인 보람을 정기적으로 부여한다) 심지어 예술적이다(새로운 종류의 창조적 충족감을 제공한다)"라고 말하며[1] 예술적 교육에 적용되는 25가지 지침을 제시한다. 나는 부스의 책을 읽으며 교육의 방법과 실재를 연구하는 데 많은 도움을 얻었다. 하지만 책을 읽는 내내 그리고 덮은 뒤에도 머릿속에서 떠나지 않는 질문들이 있었다. '학생들이 잠재된 역량과 자유로운 창의력을 발휘할 예술교육을 경험하기 전에 가부장적·남성중심주의적·여성혐오적 문화에 광범위하고 무분별하게 노출되어 있다는 사실은 과연 부스의 연구에 고려되었을까?', '남성이 지배하는 구조의 문화에서, 권위가 지배하는 교실 환경에서 구체적으로 어떻게 창의력을 발휘할 수 있을까?', '불평등하고 복종적인 학습 과정에 익숙한 학생이 건설적·비판적 사고를 발전시킬 가능성은 과연 존재할까?

페미니스트 음악 선생님이 필요한 이유

학부 시절부터 실용음악과 지망생인 초·중·고 학생을 대상으로 연주·실습과 연계된 교육과정인 이론과 음악 분석 그리고 보컬(전공) 레슨 수업을 수년째 해오며, 단순히 어린 예술가를 전문 연주자로 키우기 위해 훈련시키는 실기 중심의 체제에 염증을 느껴왔다. 음악 사교육 시장에서 강조되어온 기능·전문성 중심의 음악교육으론 창의성 양성이라는 예술

교육의 본래 목표를 달성하는 데 한계가 있을 수밖에 없으며 동시에 여러 문제를 일으킨다. 그렇기 때문에 음악교육은 학습자가 음악과 인생을 자연스레 연결시킬 수 있도록, 지식을 개인의 의식과 실천에 결합할 수 있도록, 그리고 자신을 둘러싼 정서와 문화를 생산적으로 비판할 수 있도록 열린 가능성을 제시하는 데 그 무엇보다 먼저 초점을 맞추어야 한다.

음악과 페미니즘을 잇는 수업에서는 각종 가요와 팝을 이론적으로 해석하고 가사를 비판적으로 살펴볼 수 있는 여러 질문을 던졌다. 대중을 향한 무분별한 메시지 속에서 교묘하지만 분명히 존재하는 차별을 읽어내는 능력, 어느 특정한 맥락에서의 불평등을 감지하는 능력을 학생들에게서 끌어내려고 노력했다. 첫 수업에서는 학생들에게 각자 가장 자주 듣고 좋아하는 가요 두 곡을 골라 오게 했다. 그 뒤 선택된 곡이 만들어진 산업적 배경과 구조를 비롯해 다양한 관점의 이야기들을 조사하고, 가사를 함께 소리 내어 읽었다. 대중문화적 의미와 상호작용하여 중의적인 메시지가 담긴 가사의 맥락을 파악할 수 있도록 다채로운 시선의 질문을 건네고 이를 여러 요소와 맞대어 생각해본 뒤 글을 쓰게 했다. 이는 〈문화예술 교육 방법으로서 렌즈 기반 미디어 리터러시에 관한 연구〉[2]를 바탕으로 얻은 방향을 커리큘럼에 적용하려는 시도였다. 여성 아이돌과 남성 아이돌의 콘셉트와 곡을 비교하고 사회적 위치에서 각각이 지니는 메시지를 분석해보기도 했다. 곡의 제작 배경, 수요와 함께 거기에 영향을 미치는 요소들을 공부한 뒤, 자신이 가사를 쓰고 곡을 만든다면 기존에 선택한 곡과 어떻게 다를지 탐구해보는 과제를 냈다. 자신이 왜 그 음악과 가사를 좋다고 느끼고 선택했는지 고찰하며 결국 문화가 우리의 삶을 어떻게 매개하는지를 비판적으로 이해하고, 그 이해를 창의적으로 활용하는데 중점을 두었다. 이러한 수업을 통해 학습자들은 자신의 생각·기준·비판·분석 등 가치와 개념을 재정의하고 각자의 사고방식과 예술적 표현력에 대해 사유하게 되었다.

간단한 예를 살펴보자. "음식을 눈으로 먹냐 여자애들처럼 사진 좀 찍지 마라 내 입맛 떨어져 또 업뎃하기 바쁘겠지 얼굴책 아님 쩍쩍이에",[3] "눈동자, 작은 손과 그 아찔한 몸매, 아 나 못 봐 날씨 풀리면 뒤태 보이는 옷 입어줘 니 날개 확인 좀 하게",[4] "남들 앞에서 흘리고 다니지 마 넌 다 내 거잖아 …… 네 스모키 아이라인보다 더 선명한 팬티 라인 ……

오늘은 벌을 좀 줘야겠으니까".[5] 이와 같은 가사를 수업에서 소리 내어 읽으며 여성을 향한 성적 대상화, 여성혐오, 젠더 권력, 프레임화 등을 학습했다. 수업에 참여한 학습자들의 표정에선 인식의 변화가 드러났고 "전에는 모르고 들었는데 가사의 의미를 분석해보니 이제는 못 듣겠다", "다리를 벌리고 앉은 자세로 뒤태를 뽐내는 앨범 사진이 더 이상 멋져 보이지 않는다"는 등의 의견이 쏟아졌다.

외모를 평가하는 온갖 기준을 내세우며 여성을 성적 대상화하는 대중문화 산업의 양상 아래 소녀들이 자기 몸을 긍정하기란 거의 불가능함을 알려주는 것 또한 수업에서 잊지 않고 실천하는 일 중 하나이다. 내 수업을 수강하는 여성 청소년들의 4분의 3은 실제로 다이어트를 '여자라면 당연히 해야 하는 일'로 여겼다. 수업에서는 청소년들이 자신의 몸과 섹슈얼리티, 성적 대상화의 복잡한 관계를 한 번에 이해하기 어렵다는 사실을 전제로 페미니스트 페다고지 이론을 참고해 이러한 관계를 파악하고 어떤 정보가 유익하고 유해한지 구분할 수 있는 사고력을 길러주는 데 집중했다. 페미니즘은 여성의 몸에 대한 사회적 억압을 길어 올려 비판하고 여성들이 자신의 몸을 있는 그대로 긍정하는 것의 중요성을 이야기

페미니스트 음악 선생님

한다. 나는 내 학생들이 자신의 몸을 끊임없이 미디어 속 연예인들과 비교하며 부정하는 것을 원치 않는다. 대중을 향해 전파되는 해로운 메시지들을 전부 막아낼 수는 없겠지만 최소한 이러한 노력이 사회에서 살아가면서 왜 필요한지를 깨닫기를 바라는 마음이다. 실제로, 가르치는 학생들에게 가능하면 꼭 식사를 거르지 않고 수업에 올 것을 당부하곤 한다.

어른과 다를 바 없이, 대부분의 청소년 또한 자신을 둘러싼 주변을 비판적으로 생각하기 어려워하며 수동적으로 머물러도 되는 학습 방식에 편안함을 느낀다. 역사상 위대한 음악가로 칭송받는 사람은 거의 모두 남성이라는 사실, 학교 음악실 등에 걸려 있는 액자 속 사람들의 성별 또한 오직 남성이라는 점을 수업에서 지적하면 대개 학생들은 놀라워한다. 기록에 남은 최초의 여성 예술가로 학교를 개설해 음악·무용·시가 등을 가르친 고대 그리스인 사포(Sappho), 피아니스트이자 작곡가로 유럽에 이름을 널리 알린 클라라 슈만(Clara Schumann), 여성 작곡가로서 처음으로 프랑스의 레지옹 도뇌르 훈장을 수상하고 400여 곡의 작품을 출판한 작곡가 세실 샤미나드(Cécil Chaminade), 미국 주요 오케스트라가

작품을 연주한 첫 미국 흑인 여성 작곡가 플로렌스 프라이스 (Florence Price) 등 역사 속에 당당히 존재하는 여성 예술가는 셀 수 없이 많다. 단지 사회가 조명하지 않고 교과서에 실리지 않았을 뿐이다. 여성은 교육과정에서부터 박탈과 차별을 경험하고, 어렵게 연주자가 되더라도 음악적 능력보다는 육체적 표현에 관심을 두는 청중 앞에 쉽게 놓이게 된다. 게다가 지휘와 작곡 분야는 특별히 지도력과 창의력이 필요하므로 그러한 능력을 타고난 남성만의 고유 영역이라는 선입견에 부딪치는 경우도 있다. 수업에서는 지난 역사 속에서 '여성의 가장 중요한 의무는 출산·육아·가사이므로 어떠한 활동도 그 일들을 방해해서는 안 된다'는 압력을 여성들이 받아왔다'는 사실을 함께 공부했다.

이처럼 성(性)이나 신분에 따른 차별적인 음악교육의 역사 또한 음악을 둘러싼 현대의 여러 현상과 맥락이 이어진다는 사실을 주변의 이슈와 연관 지어 쉽게 설명하려고 노력했다. 이는 모든 상식은 위치성에 따라 변할 수 있음을 알려주려는 시도였다. 지식을 전수하는 일방적인 강의가 아니라는 것을 학생들이 느낄 수 있도록 내 배움의 경로와 경험을 모두와 공유했고, 이를 통해 상호적 관계의 토대와 공감대를 형성해왔

페미니스트 음악 선생님

다. 지루한 이론이 아닌 그들의 음악적 사고에 관심을 두고 소통하다 보니 점차 학생들과 나는 서로를 마음 깊이 신뢰하게 되었고, 학생들이 주변을 새롭게 바라보고 사고해가는 모습을 지켜보며 가르치는 일을 단순히 직업이 아닌 정명(定命)으로 생각하게 되었다. 여름방학을 활용해서 자발적인 움직임을 보인 학생들에게 여성 참정권 운동과 같은 역사 속의 운동을 비롯해 기본적인 이슈와 관련된 책을 추천하고 소그룹 책 모임을 만들 수 있도록 돕기도 했다. 실용음악 전공 고등학생들은 입시를 치르는 11·12월을 목표로 고등학교 학기 내내 시간을 할애하기 때문에 비교적 정규 수업으로부터 자유로운 여름방학이 아니면 독서 모임을 하기 어렵다. 자율적으로 이루어지는 책 모임에선 주로 각자 쓴 글을 서로 나눠 읽고, 그 뒤에는 아이스크림이나 떡볶이를 먹으며 자신들이 과거에 좋아했고 또 현재 좋아하는 음악과 아티스트들을 나열하고 같이 들어보기도 했다. 비판력을 배우고 기르며 성장하는 발자취를 경쟁 상대가 아닌 친구로서 모두와 함께 공유하며 우리는 서로를 향해 마음을 활짝 열 수 있었다.

　문화, 미디어 그리고 더 나아가 자신의 삶을 비판적으로 읽고 생각하기를 지도받은 학생들은 이런 질문들을 던졌다.

"선생님, 저도 축구 잘할 수 있는데 왜 학교에는 남자 축구부만 있고 여자 축구부는 없어요?", "엄마·아빠 똑같이 늦게 들어오는데 왜 집에 오면 엄마만 설거지하고 청소해요?" 나아가 "여자 아이돌들이 부르는 노래에선 사랑받고 싶다고 말하고, 남자 아이돌들이 부르는 노래에선 여자를 지켜준다고 하는 거 되게 웃겨요"라는 의견을 내기도 했다. 나는 이처럼 학생들의 삶 속에서 일어나는 차별 상황에 관한 질문이나 이야기를 들어주고, 학생들이 그러한 경험을 털어놓을 수 있도록 장려하는 일 또한 교사로서 당연히 해야 할 임무라고 생각해왔다. 학생들과 상담할 땐 그러한 생각을 털어놓는 이들이 문제의 근본적인 지점을 들여다볼 수 있는 힘을 기르도록 도와주는 데 중점을 둔다. 문화 속에서 예술의 역할 그리고 각자가 배워온 내용의 내재적 연관성을 스스로 발견할 수 있도록 지도하는 것이다. 물론 모든 문제의 방책을 명료하게 제시하기란 불가능하며, 나는 학생들의 선생님이라기보다 공동체에서 함께 살아가는 구성원으로서 그들을 도우려 노력한다. 이처럼 수업에서 음악, 미디어 리터러시 그리고 페미니즘을 잇는 여러 시도를 해오면서 학습자들이 새롭게 습득한 지식을 토대로 고정관념을 탈피하기 위한 다양한 사고를 하는 모습을 목격했다.

역사 속 수많은 교육자·연구자·운동가의 노력에도 불구하고 1990년대부터 지금까지 체계화된 '선발과 탈락의 경쟁 구조'가 적용된 교육 체제, 수직적 가치관을 내면화하도록 장려하는 조직 문화는 아직까지도 우리나라에 편재한다. 교실 안 학습자들은 경쟁 구조를 전면에 내세우는 교육 체제하에서 자신의 능력을 인정받는 데만 열중해왔고 이는 성차별적, 즉 남성중심적·가부장적·여성혐오적인 사회에 무뎌질 수밖에 없는 현실과 촘촘하게 맞닿아 있다. 벨 훅스는 학생들이 각자의 생각과 존재의 충만함을 향해 날아오를 수 있도록, 그들의 영혼을 고양시키는 인간적인 방식을 지향해야 한다고 말한다. "상당한 학술적 훈련을 통해 교사들은 그들이 항상 옳아야 한다'고 생각하게 되었다. 대신 나는 교사들은 항상 마음이 열려 있어야 하고 우리가 모르는 것을 기꺼이 인정해야 한다고 제안했다. 열려 있음에 대한 급진적 헌신은 비판적 사고 과정의 무결성과 교육에서의 중심적 역할을 유지한다. 이러한 헌신은 많은 용기와 상상을 필요로 한다."[7] 지식의 모양은 끊임없이 변할 수 있기에 사유하기를 멈추지 않아야 한다는 것, 즉 비판적으로 생각하는 데 필수적인 '열린 마음'을 잊지 않고 지도해야 한다는 것이다.

이처럼 평등하고, 이상적이고, 창의력을 촉진하는 교육의 미래를 말하기란 쉽지만 일상에서 복잡다단하고 구체적인 폭력, 권위적 압력, 차별, 셀 수 없이 많은 문화 속 양상을 마주하며 이를 비판할 수 있는 교육과 잇는다는 것은 쉽지 않은 일이다. 교사는 권위만을 내세우지 않고 끊임없이 움직이는 교육을 지향해야 하며 학습자 모두가 존재 그대로 살아갈 수 있도록 긍정성을 심어주는 노력, 교실 안의 모든 학습자 사이에 의미 있는 협력 관계가 형성될 수 있도록 상호적 참여를 독려하려는 노력을 기울여야 한다.

이처럼, 앞으로도 예술로 인생을 차별 없이 마음껏 누릴 수 있도록 학습자를 이끄는 교육적 관점으로 페미니즘을 이야기하려 한다. 학생들은 스스로 생각하는 힘을 기를 수 있는 예술교육을 통해 전보다 확장된 자유로움을 만끽할 것이다. 페미니즘 교육은 궁극적으로 사람들에게 '나다움'을 갖추도록 노력하고, 나와 다른 타자에 대해 경쟁이 아닌 공존의 윤리를 탐색하게 한다. 자유로운 창의성이란 이와 같이 '나'를 탐구하고 사회와의 관계를 생성하는 과정에서 만들어진다고 믿는다.

　　　　　　　　　　　페미니스트 음악 선생님

"페미니스트 자격증 같은 건 없듯이,
페미니즘 교육자 자격증도 없다.
계속 읽으며, 나누며, 질문하며, 내 안에 새겨진
나이테를 믿는 데서 출발해야 했다."

우리의 나이테를
쌓아가는 수업

김미소

나의 존재로 고정관념 깨기

'교수'라고 하면 보통 어떤 상(像)을 떠올릴까? 미국에서 박사
과정을 하던 6년간, 아주 다채로운 교수들을 접했다. 머리에
까치집을 짓고 다니는 교수, 항상 면바지에 스웨터만 입는 교
수, 지팡이를 짚은 채 수업하는 교수, 노브라로 수업하는 교
수, 등산 가방을 짊어지고 강의실에 오는 교수, 귀가 들리지
않아 학생의 입 모양을 읽어서 대화하는 교수. 이렇게 다양한
사람이 모여 있으니 하나의 이론이나 사건을 보는 시선도 모

두 달랐고, 자신에게 없는 것을 상대로부터 하나씩 배우며 함께 성장해나갈 수 있었다.

미국에서 박사과정을 졸업하고 일본에서 교수가 되어 근무를 시작했을 땐 열탕에서 냉탕으로 휙 던져진 기분이었다. 미국 역시 교수라고 하면 중년 백인 남성의 이미지가 지배적이지만, 일본은 차원이 달랐다. 넥타이 맨 일본인 중년 남성이 아니면 교수가 될 수 없을 듯이 느껴질 정도였다. 외국인이라면 미국·캐나다·영국·호주 출신의 넥타이 맨 백인 중년 남성이라야 가능할 듯했다. 그런데 나는 이 모든 자질과 백만 광년쯤 떨어져 있었다. 넥타이도 없고, 일본인이나 백인도 아니고, 중년은 더더욱 아니고, 남성은 되고 싶지도 않았다. 근무를 시작할 당시 20대 후반이었고, 한국인 여성이며, 비원어민이면서 영어를 담당했다. 학생들도 나를 신기해했고, 학회에서 만나는 사람들도 나를 동료로 대하기 어려워했다. 그들의 반응을 겪으며 나는 의문에 휩싸였다. 왜 아무도 젊은 외국인 여자가 대학 선생이라는 것을 당연하게 받아들이지 못할까? 왜 비원어민이 영어 담당이 될 수 있다고는 생각하지 못할까? 왜 나는 어딜 가나 내 자리가 없는 기분이 들까? 내가 10년, 20년 뒤에도 이 일을 계속할 수 있을까?

네 번째 학기의 강의를 마무리하며 학생들에게 받은 강의 평가를 읽을 때였다. "한국의 선생님이 일본에서 영어를 가르치다니 아주 존경스럽습니다. 저도 이런저런 일을 할 수 있게 되고 싶다고 생각했습니다"라는 이야기가 있었다. 전통적인 교수상에 맞지 않는 선생의 존재 자체가 어떤 학생에게는 편견을 깨고 새로운 삶을 그려볼 수 있는 계기가 되는 것이었다. 나 역시 대학생 때 여자 교수님들을 쫓아다니며 "선생님처럼 되고 싶다"고 노래를 부르곤 했다. 넥타이 맨 중년 백인 남성 교수님에게서 주로 지식을 얻었다면, 이 상에 어긋나는 여성·장애인·소수자 교수님들로부터는 지식은 물론 삶의 동력까지 얻을 수 있었다. 내 학생 역시 그랬을지도.

나는 내가 담당하는 영어가 '경계 넘기'의 언어라고 믿는다. 일본에서는 아주 당연한 일이 한국에서는 전혀 그렇지 않을 수 있고, 한국에서 너무나도 당연시해온 생각을 미국에 가서 산산히 깨게 되기도 한다. 한국 대학에 다닐 때는 여성 보안 요원을 TV에서만 봤는데, 일본에선 어딜 가나 흔히 볼 수 있었다. 한국이나 일본 항공사를 이용할 때는 백발의 승무원을 본 기억이 없지만, 미국 항공기를 타면 백발의 승무원이 카트를 몰고 와서 무엇을 마실 거냐고 묻곤 했다. 또한 일본

우리의 나이테를 쌓아가는 수업

에선 역무원이 발판을 들고 서로 무전연락을 하면서 휠체어 이용자를 돕는 장면을 자주 볼 수 있다. 이처럼 한 사회에서 엉겨 굳어진 편견과 차별이 다른 사회에서는 전혀 다르게 받아들여진다.

영어는 이 사회에서 저 사회로 이동하기 위한 가교가 되어준다. 나는 일본인 학생들이 지금까지 너무나 당연하게 믿어온 것들을 산산히 깨는 경험을 할 수 있는 교실을 만들고 싶었다. 화장기 없는 얼굴과 레깅스 차림으로 학교에 갈 수도 있고, 임신한 여성이 CEO일 수도 있고, 내 옆집에 이민자가 살 수도 있으며, 젊은 여성 한국인 비원어민 선생이 영어를 가르칠 수도 있는 세계. 그 속에서 학생들이 서로 다른 사람을 존중하면서도 자신을 당당히 표현할 수 있기를 바랐다. 자신이 꼼꼼한 위계의 일부가 되어야 하는 일본어의 체계를 벗어나서, 주어인 '나(I)'를 말해야 문장을 시작할 수 있는 영어로 자기를 표현해보았으면 했다. 그런 다음, 세계로 나가서 자신의 존재 자체로 타인의 고정관념을 깨고 용기를 불어넣어줄 수 있는 사람이 되길 희망했다.

내 안에 나이테 새기기

목표를 정했다면, 거기까지 가는 길을 찾아야 한다. 페미니즘적 교실을 만들고 싶다면 일단 내가 배워야 했다. 하지만 내 수업에 바로 적용할 수 있는 아이디어를 찾기란 모래사막에서 바늘 찾기였다. 영어권에서 나온 글은 대개 교사와 학생이 같은 언어를 공유한다고 전제했다. 우리 교실은 나와 학생이 같은 언어를 공유하지 않기 때문에, 의사소통 문제부터 해결해야 했다. 논문이나 기사를 읽고 함께 토론하는 수업 방식은 나에게는 너무 꿈만 같았다. 또한 영어권에서 나온 사례에서는 대부분 다양한 정체성을 지닌 학생들이 한 교실에 있었으므로, 학생들이 서로 이야기하며 차이를 발견해나가거나, 교수자가 차이점을 짚어서 수업을 이어나갈 수도 있었다. 하지만 내 교실은 놀라울 정도로 학생들의 배경이 비슷해서 그들 간의 차이를 다루면서 논의를 시작할 수 없었다.

'어딜 가야 좋은 모델을 찾을 수 있을까? 교안 모음 같은 자료가 혹시 없을까?' 하고 한국어로 나온 문헌 및 웹사이트도 여럿 수집해서 읽어보았다. 한국에서 책으로 출간된 자료는 학생이나 연구자 입장에서 쓰인 것이 많았다. 학생, 혹은

우리의 나이테를 쌓아가는 수업

예전에 학생이었던 이가 학교를 비판하는 글은 어렵지 않게 찾아볼 수 있었고 크게 공감하며 읽었다. 한국 교실에 대한 비판 가운데는 일본 교실에도 적용되는 내용이 많았고, 나 역시 몸으로 충분히 느끼고 있었다. 하지만 비판에서 한 발짝 더 나아가 어떤 실천을 하면 좋을지를 알기는 어려웠다. 연구자 입장에서 나온 글 역시 교사가 구체적으로 어떤 실천을 해야 한다는 지침을 제공해주지는 않았다. '이런 목표로 해야 한다, 저런 방향으로 해야 한다' 같은 당위적인 이야기는 많았지만, 그건 나 역시도 절절히 느끼고 있는 바였다. 고함이라도 지르고 싶은 심정이었다. "그래서 대체 어떻게 하면 좋을지 예를 보여줘!"

한참 동안 문헌들에 파묻혀 헤엄치다가 문득 이런 생각이 들었다. '무언가를 깊게 읽고 누군가와 나눌수록 나이테가 내 몸 안에 하나하나 새겨지는 게 아닐까?' 지금까지 쭉 읽어왔던 논문과 참고 서적은 경험치가 되어 내 안에 쭉쭉 쌓였고 페미니즘적으로 생각하는 근육을 길러주었다. 내 전공인 응용언어학의 연구 가운데 여성 및 약자가 새 언어를 배우는 동기를 조사한 문헌이 여럿 있다. 기존 심리학은 학습의 동기를 외재적 동기와 내재적 동기로 나누지만, 이처럼 이분법적인 틀로는 영어를 두려워하고 잘하지 못하는데도 가족의 생계를 위해 사활을 걸고 영어를 말하는 이민자 여성의 동기를 설명할 수 없었다.[1] 호주에 거주하는 일본인 여성의 영어 학습을 연구한 한 문헌[2]은 일본 여성의 경우 일본 사회에 특유한 여성의 낮은 지위 및 권리에서 벗어나기 위해, 그리고 좀 더 자유로운 서구권을 동경하며 호주에서 삶을 만들어가기 위해 영어를 배우는 경우도 있다는 걸 알려주었다. 동아시아인 통역사에 대한 한 연구[3]는 여성에게 영어란 전문 직업을 얻을 수 있게 해주는 자원이 될 수도 있지만, 통역이 '여성의 일'로 취급되는 이상 통역사는 외모 관리, 친절함 등 여성에게 전통적으로 요구되는 자질을 재현하지 않으면 안 되고, 파견직이나 프리랜서 등 안정적이지 않은 일자리에 내몰린다는 점을 지적했다. 필리핀 영어 강사에 대한 한 연구[4]는 이들이 영어 능력을 토대로 한국·일본에 화상영어 서비스를 제공하며 보수를 받지만 동시에 성희롱에 무방비로 노출되어 있다는 걸 보여주었고, 인근 싱가폴·홍콩 등에서 돌봄 노동자로 일하는 필리핀 여성의 경우 영어를 통해 필리핀에서보다 높은 보수를 받기는 하지만 여러 폭력에 노출된다고 말하는 연구도 있었다.[5] 영어는 단순히 신분 상승의 도구가 아니었다.

남성의 경우는 다를 수도 있지만, 여성에게는 그렇게 간단한 문제가 아니었다. 이 모든 문헌 역시 내가 교실에서 어떤 페미니즘 실천을 하면 좋을지를 알려주지는 않았다. 다만 영어가 어떤 권력관계에 위치해 있으며, 특히 여성에게 영어가 어떤 의미인지를 알려주었다.

내 상황에 맞춰서 어떤 페미니즘 실천을 하면 되는지 알려주는 '레시피' 혹은 '하나부터 열까지 떠먹여주는 글'은 없었고, 아마 앞으로도 없을 것이다. 문헌에 나와 있는 방법을 그대로 수업에 적용할 수도 없다. 머릿속에 위대한 페미니스트들의 이론을 집어넣고 그대로 따라하는 게 아니라, 배운 이론을 내 나름대로 소화해냈을 때야말로 나를 변화시키고, 내 실천을 바꿀 수 있다. 내 교실은 내가 제일 잘 알기 때문이다. 영어가 여성에게 어떤 함의를 지니는지에 대해 수백 번은 고민하고 자료를 읽고 의견을 나눠온 나와, '영어는 스펙을 위해 꼭 필요한 것'이라고 생각하는 사람이 같은 수업을 하지는 않을 테다. '아무리 유명한 페미니즘의 거장이라도 내 교실에 온다면 나보다 수업을 잘할 수는 없다'고 나를 다독였다. 벨 훅스가 내 교실에 온다 한들, 벨 훅스는 일본어를 못 할 텐데 어떻게 질문하는 교육을 할 수 있을까. 언제나 뭔가 모자

라고 부족한 기분, 잘못하는 기분에 계속 시달릴 수는 없었
다. 페미니스트 자격증 같은 건 없듯이, 페미니즘 교육자 자
격증도 없다. 계속 읽으며, 나누며, 질문하며, 내 안에 새겨진
나이테를 믿는 데서 출발해야 했다.

내 안의 나이테를 믿고 수업을 만들기

내 안에 켜켜이 쌓인 나이테를 믿고 내 수업을 만들어가기 위
해, 가장 먼저 현실적인 조건을 인식해야 했다. 내 수업은 대
부분 대학 1·2학년을 대상으로 한 4학점의 교양영어 강의이
고, 영어 초심자가 가장 많았다. 학생은 내 수업을 선택한 게
아니라 전공과 반에 따라 배정되었고, 영어가 좋아서 수강하
는 게 아니라 졸업 요건이기 때문에 강제로 듣는 경우도 있다
는 사실을 꼭 기억해야 했다. 학생 대다수가 외국인을 만나
대화를 나누는 게 처음이었다. 해외여행은 가봤어도 대개는
부모나 교사와 함께 다녔기 때문에 자신이 직접 외국인과 의
사소통한 적은 거의 없었던 것이다. 이런 상황에서 무언가 아
주 불편하고, 새롭고, 급진적인 수업을 시도할 수는 없었다.

우리의 나이테를 쌓아가는 수업

이상은 높게 잡는다 해도 발은 현실에 디뎌야 했다. 현실적인 조건을 감안한 결과, 페미니즘의 '페' 자도 꺼내지 않는 페미니즘적 영어 수업을 목표로 잡았다.

주어진 조건하에서 내가 찾은 방법은 학생들에게 친근한 소재를 가져다가 페미니즘적 이야기를 시작해보는 것이었다. 수업의 재료로는 디즈니의 콘텐츠가 좋겠다고 생각했다. 디즈니 역시 인종차별을 해온 역사가 있지만,[6] 급격한 변화나 완전히 새로운 것을 도입하기보다는, 이미 학생들이 잘 알고 있고 쉽게 흥미를 느끼는 콘텐츠를 활용하는 게 최선이라고 판단했다. 디즈니 영화나 영화음악 하나에 페미니즘 작가 치마만다 응고지 아디치에(Chimamanda Ngozi Adichie)의 영상, 여성 CEO의 일과 출산에 관한 영상, 일본에 거주 중인 흑인의 인터뷰 영상 등을 엮어서 사용했다.

예를 들어 영화 〈모아나〉의 주제가 〈How Far I'll Go〉의 뮤직비디오 영상은 학생들에게 친근하고 가사도 아주 쉽다. 섬에서 태어난 외동딸이 전통을 깨고 바다를 넘어서 자신이 얼마나 멀리 갈 수 있는지 시험해본다는 주제의식 역시 이해하기 쉽다. 이런 콘텐츠로 영어 표현이나 단어를 연습한 뒤에 "모아나가 섬에 남아서 왕이 될 것을 요구받듯, 일본 사회에서 대학생에게 요구되는 상은 어떤 게 있을까요? 외동딸 혹은 맏딸은요? 여성은요? 남성은 어떨까요?" 같은 토론 질문으로 이어갔다. 이후 자신에게 해당하는 특징과 정반대되는 특징을 2개 이상 갖고 있으면서도, 모아나처럼 사회로부터 요구되는 상을 넘어서 새로운 일에 도전한 사람의 영어 연설이나 TED* 영상을 찾아 오게 했다. 예를 들어 자신이 경제적으로 안정된 일본인 비장애인 대학생이라면, 경제적으로 불안정한 장애인 스포츠 선수의 연설 영상을 찾아 오는 식이다. '교차성' 같은 어려운 용어를 최대한 피하기 위해 '특징' 등의 익숙한 말로 소개했다. 각자 찾은 영상에서 가장 마음에 드는 1분을 골라 외워서 똑같이 1분을 말하고, 영상에 대한 느낌을 2분 동안 말하고, 같은 그룹의 학생들과 2분 동안 토론하는 것을 그룹 발표 과제로 냈다. 이 활동을 통해서 '백인 남성 권력자'의 영어가 아니라 아주 다양한 사람의 영어를 입에 붙여보고, 머리로 곱씹어도 보는 기회를 만들어 나갔다.

---

*
Technology, Entertainment, Design. 미국과 캐나다의 비영리 재단에서 운영하는 기술·오락·디자인 등에 관한 강연회.

우리의 나이테를 쌓아가는 수업

일방향 강의나 평가가 페미니즘적 수업 방식이 될 수는 없었다. 적어도 내가 이해한 바로는 페미니즘적 교실은 학생의 경험에서부터 출발해야 한다. 따라서 모든 수업을 활동 중심으로 구성했다. 영상을 보고 질문에 답하기, 읽기 자료와 관련한 자신의 경험을 써서 공유하기, 본문을 읽고 그림으로 나타내기, 뮤직비디오를 보고 주인공이 어떻게 느꼈을지 생각해보기, TED 영상을 보고 자신의 의견 쓰기 등의 활동이 매 수업마다 있었다. 내가 미리 예제를 만들어두었고, 항상 2~4명이 협력해서 활동했다. 나는 계속 교실을 돌아다니면서 질문에 답하거나, 피드백을 하거나, 영어 문장 만들기를 돕거나, 잡담을 하면서 놀기도 했다. 활동을 하는 동안 사전·번역기·사진·그림·음악 등 어떤 의미 도구를 써도 괜찮았다. 상대평가가 아니니 학생들이 협력할 수 있었고, 정답이 없는 질문을 얼마든지 물어봐도 되었다. 모든 학생이 활동을 완료하면 전체 피드백을 한 다음, 다음 활동으로 넘어갔다. 평가는 그간 해온 활동을 모아서 어떤 단어나 표현을 새롭게 접했는지, 어떤 활동이 가장 좋았고 그 이유는 무엇인지, 그리고 무엇을 학습했는지 정리한 포트폴리오로 3주마다 실시했다. 교수자가 제시한 내용을 학생이 달달 외워 점수를 내기보다는, 교수자와 학생이 함께 만든 수업 생태계 안에서 학생이 무엇을 만들어냈는지를 보고 평가하고자 한 것이다. 학생이 내가 생각한 것과 전혀 다른 것을 만들어도 좋았다. 학생의 경험이 나와 다르니, 다른 결과물이 나오는 건 당연했다. 이 수업 생태계 안에서 나는 가르치는 경험의 나이테를, 학생은 자기만의 영어 경험 나이테를 새길 수 있다면 더 이상 바랄 게 없었다.

이렇게 한 공부가 어떤 성과를 가져올까? 통계적으로 어떤 교육 방식의 성과를 재려면, 수업 전과 후에 시험을 본 뒤 두 시험의 결과를 비교한다. 토익 점수를 단시일에 올리기 위한 강의의 효과를 재려면 이런 방식이 필요하다. 다만 일생에 걸쳐 일어나는 내면의 변화를 이런 식으로 관찰할 수는 없다. 페미니스트 페다고지에는 더 넓은 질문이 필요했다. '한 학기 동안 함께한 활동이 학생과 나의 삶에 어떤 의미가 될까?' 이 질문의 답을 찾으려면 한 학기, 한 해가 아니라 수십 년 단위의 연구가 필요한데 당연히 그 일은 쉽지 않다. 답의 실마리는 연구자가 자신의 경험을 오랜 시간 기록하고 성찰하여 연구하는 자문화기술지(autoethnography)에서 찾아볼 수 있다.

예를 들어 자신의 페미니스트 페다고지를 찾아가는 여정을 기록한 레슬리 코이아(Lesley Coia)와 모니카 테일러(Monica

Taylor[7]는 14년간 함께 일한 동료인데 처음엔 "우리 자신이 우리가 생각하는 페미니스트 연구자인가?"라는 질문을 세우고, 문헌을 뒤져서 페미니스트 페다고지의 6가지 기준 등을 찾아내 따라하려고 노력했다고 한다. 하지만 그들은 이런 방식은 날갯짓하는 나비를 보는 게 아니라 죽은 나비를 전시판에 붙여놓는 것처럼 의미가 없다는 걸 금방 깨달았다. 날갯짓하는 페미니스트 페다고지를 실천하기 위해서는 아주 뻔하지만 서로의 삶·문헌·궤적·실천 등을 모두 깊게, 비판적으로, 함께 성찰하는 데서 출발해야 했다.

그들은 이 사실을 알게 된 뒤 서로의 일상을 풀어내고, 예전에 읽었던 문헌을 다시 읽고, 함께 토론하며 이야기를 쌓아나갔다. 그 과정에서 예전에는 잘 몰랐던 것들을 새롭게 알게되었다고 한다. 예를 들어 젊은 교수자 시절에는 페미니스트 페다고지 글을 읽으면서 교실에서 사회정의를 이야기할 수 있는 자신감을 얻었지만, 회고해보니 당시에는 그 글 안에 나타난 교실의 불확실함, 애매모호함과 의구심을 전부 받아들이지 못했다고 한다. 한참 뒤에야 자기 자신은 불완전하며 선생으로 사는 삶은 항상 불확실성 속에서 헤엄치는 일이라는 걸 깨닫게 되었고, 역설적으로 이 깨달음이 안도감과 해방감을 주었다고 이야기한다. 전구가 켜지듯 "아하!" 하며 페미니스트 페다고지란 무엇인지 깨닫는 순간은 없었지만 계속 자신의 실천을 쌓아가며, 매일의 경험을 확장하고, 자신의 경험을 끊임없이 새롭게 해석하다 보면 긴 시간에 걸쳐 자신이 변화하고 있었다고.

같은 글도 10년 전에 읽었을 때와 지금 읽을 때의 감상이 다르듯, 우리가 함께한 활동의 의미도 이번 학기에 생각하는 것과 10년 뒤에 생각하는 것이 다를 테다. 지금 당장은 '토익이나 가르칠 것이지 이상한 걸 가르치는 선생을 만났다'고 느꼈을 학생도 15년쯤 후에 외국인 배우자를 만나게 되어 '그때 한국인 선생이 원어민 영어 같은 건 없다고 했었지'라고 생각할지도 모르고, "너는 맏이니까 이렇게 해야 해"란 말을 들었을 때 '그리고 보니 예전에 〈모아나〉 뮤직비디오를 보고 이런 질문을 하던 한국인 영어 선생이 있었는데' 하고 생각할지도 모른다. 수업에서 한 활동은 나이테의 작고 얇은 선 하나에 불과하다. 이 선이 어디를 향해 뻗어갈지는 학생 각자의 경험과 해석에 달렸다.

앞으로 새기고 싶은 나이테

수업을 진행하는 게 언제나 순조롭지만은 않았다. 나는 수업 중 예고 없이 일어나는 돌발 상황에 대처하는 순발력을 키워야 했다. 활동지에 성적인 낙서를 한 미국 대학생, 입고 있던 셔츠를 벗어 용이 승천하는 모양의 등 문신을 보여준 한국 고등학생, 수업에 여자 친구를 데려온 중국 대학생, 수업이 끝나면 데이트하자며 수업 중인 내 교실의 문을 치고 도망간 멕시코 학생 등 미국·한국·일본에서 갖가지 돌발 상황을 접했다. 여러 기관과 국가에서 가르친 경험이 쭉 나이테로 새겨져 왔을 텐데도, 여전히 돌발 상황이 발생하면 즉시 적절히 대응하기란 어려웠다.

한 수업에선 교재에 '웃음'에 관한 내용이 나왔다. 각 그룹이 인터넷에서 웃긴 사진을 하나씩 찾아다가 다른 그룹에게 보여주면서 이야기하는 활동이 있었는데, 한 그룹이 흑인 여성이 체중계를 보며 경악하는 사진을 올렸다. '내 몸무게가 이렇게 많이 나갈 리 없어!'라는 듯한 표정이 웃기다고 했다. 당시 나의 대응은 "이런 사진은 인종차별이 될 수 있으니 조심하세요"라고 말하는 정도가 전부였다. 좀 더 내가 기민한 선생이었다면 왜 이 사진이 차별적일 수 있는지도 설명할 수 있었을 텐데, 당황하며 입이 막혀 어떻게 설명해야 할지 몰랐다. "왜 이 문장에선 과거가 아니라 현재완료를 쓰나요?" 같은 질문을 받으면 그 자리에서 예제까지 들어 한국어·영어·일본어로 전부 대답할 수 있으면서도 "왜 이 사진이 차별적인가요?"라는 질문을 받는다면 뭐라고 답해야 할지 몰랐다.

학기 후반에 각자 영어 연설을 하나씩 골라서 질문을 만들고 토론하는 과제가 있었다. 보통 한 학기에 여러 명이 영화배우 에마 왓슨(Emma Watson)의 'HeForShe'• 연설, 시민운동가 말랄라 유사프자이(Malala Yousafzai)의 노벨평화상 수상 연설 등 유명한 페미니즘 연설을 선택한다. 그런데 학생이 토론을 이끄는 시간에 "일본에는 여성 차별이 있다고 생각합니까?" 같은 질문이 나오면 누군가 "아니오"라고 답하고 발표자가 "그렇습니까" 하고 넘어가는 일이 많았다. 오히려 "남자들 불쌍해! 여자들처럼 예쁜 옷도 못 입고 네일도 못 하고 꾸미는 재미도 없잖아", "전철에서 여성 전용 칸에 못 타잖아" 같은 말을 하는 학생도 간간이 있었다. 그런데 여기서 내가

• 유엔여성기구(UN Women)의 성평등 캠페인.

우리의 나이테를 쌓아가는 수업

중간에 끼어들어 "사실 그게 아니야"라고 얘기를 꺼내는 게 얼마나 적절할까? 학생의 발언 권력과 내 발언 권력은 다를 수밖에 없다. 학생 발표자가 논의를 이끄는 상황에 내가 개입하면 학생의 발언권을 침해하지 않을까? 발표가 끝나고 첨언한다면 어떻게 말해야 여성 전용 칸이 남성 차별이 아닐 수 있고, 꾸밈 노동이 여성의 특권이 아니라 짐일 수도 있으며, 남성 역시 꾸밈 노동에서 자유로울 수 없다는 이야기를 전할 수 있을까?

마지막으로 어떻게 하면 교수자가 자신을 지키며 수업할 수 있을까? 전통적인 교수상에 완전히 벗어나는 몸뚱이로 수업하면서, 흔하지는 않지만 꼭 한 번씩 불편한 일이 생기고는 했다. 상대방이 외국인 여성인 내게 불편한 말을 던지거나, 외모에 대해 이야기하거나, 나를 언어교육 전문가가 아니라 어린 여성으로 대할 때가 있었다. 그럴 때 어떻게 하면 웃어넘기지 않고 맞서서 품위 있게, 그런 말은 칭찬이 아니라고 알려줄 수 있을까? 어떻게 하면 불편함을 몸으로 맞설 수 있을까? 내가 이 모든 질문을 하나하나 살아내며, 이론과 실천과 경험을 나이테처럼 켜켜이 새겨, 나무처럼 단단한 페미니스트 페다고지를 실천할 수 있었으면 한다.

"내 강의실을 거쳐 가며 행복해하는
여학생들을 지켜보는 일 자체가
나에게 치유의 경험이었다."

모두의 목소리를 듣는,
흥이 나는 강의실

김동진

교실에서 말하게 되기까지

대체로 볕이 잘 들지 않아 살짝 어두컴컴한 느낌의 강의실이었
다. 흰머리에 작은 키의 남자 교수님은 뒷짐을 지고 강의실 앞
쪽에서 왔다 갔다 하다, 한 학생의 이름을 불렀다. "○○○이
누구지?" 하고 학생의 얼굴을 확인하곤 "○○○의 생각은 항
상 훌륭해!"라는 말로 수업을 시작했다. 나는 '그래, 이제 이
시간이 끝날 때까지 내 이름은 불리지 않겠구나' 하는 안도감
을 느꼈다. 평소와 마찬가지로 교수님은 그 학생의 글에 대한

자기 생각을 주로 말하면서 그에게 가끔 말을 시켰고, 두 사람의 이야기가 그날의 수업을 구성했다. 이후 20년도 더 지난 지금은 그 학생의 글도, 그날 수업의 주제도 기억나지 않는다. 다만 지금도 기억나는 것은 '교수님이 혹시 나에게 말을 시키면 어쩌나' 하며 앉아 있던 나의 불안과 공포다. 어쩌면 어두컴컴한 것은 강의실이 아니라 나의 마음이었는지도 모르겠다.

나는 중고등학생 시절 대체로 조용하고 말 잘 듣는 모범생이었다. 학교든 학원이든 수업 시간에는 항상 입을 닫는 대신 눈과 귀를 열어두고, 입력되는 지식을 열심히 머릿속에 집어넣었다. 배우는 내용에 관해 스스로 생각하거나 입을 열어 질문하는 일은 거의 없었다. 다만 그 시절을 통틀어 지금도 기억나는 시간이 있다면 중학교 과학 물리 수업 때다. 눈이 큰 중년 남성인 물리 선생님은 반장인 나에게 항상 문제풀이를 하게 했다. 비록 어린 시절 꿈이 마리 퀴리(Marie Curie) 같은 물리학자였지만 딱히 물리를 잘하지는 않았던 나는 처음 배운 내용을 바로 응용하는 문제를 잘 풀지 못했다. 그럴 때마다 물리 선생님은 나를 일으켜 세워둔 채로 그 큰 눈을 더 동그랗게 뜨고 "니는 그것도 못하나"라며 나를 비난했다. 그런 일이 반복되자 나는 곧 물리 과목을 싫어하게 되었다. 이것은 교육자들이 가장 하지 말아야 할 행동이며, 벨 혹스가 '수치심 주기(shaming)'라고 명명했다는 사실을 아주 나중에야 알게 되었다.[1] 어쩌면 앞서 말한 그 어두컴컴한 대학 강의실에서 내가 느낀 두려움은 문제를 못 풀고 선 채로 비난받던 그 물리 수업에서 비롯되었는지도 모르겠다.

그 물리 시간을 제외하고는 대체로 수업 내용을 열심히 듣고 암기하면 되었기에, 중고등학생 시절을 충실히 보낸 뒤 대학에 입학했다. 그런데 대학은 달랐다. 예전처럼 강의를 듣고 내용을 외우면 점수를 잘 받는 과목도 많았지만, 어떤 과목은 갑자기 말을 해야 하는 경우도 있었다. 이전에는 수업 시간에 배우는 내용에 관해 스스로 생각해본 적도 거의 없었는데, 갑자기 교수님이 학생들에게 질문을 하면 혹시나 나를 호명할까 봐 심장이 쿵쿵거리기도 했다. 그렇게 몸이 긴장하면 생각을 더욱 할 수가 없었으니 말을 할 수 있을 리가. 그런데 다행히 수업 시간에 말하는 일은 군대에서 제대한 복학생 남자 선배들과 활달한 남자 동기들이 대체로 도맡아 해주었다. 나는 교수님 눈에 잘 띄지 않을 듯한 구석 자리에서 수업 중에 벌어지는 무작위 토론에 무심한 채로 앉아 있다 나가곤 했다. 공부

　　　　　모두의 목소리를 듣는, 흥이 나는 강의실

를 더 하고 싶어서 진학한 석사과정에서도 마찬가지였다. 미리 준비한 발표는 잘했지만 갑자기 말하는 상황에서는 여전히 입을 열기 힘들었다. 게다가 대학원이다 보니 좀 더 학술적으로 완벽한 내용을 말하지 못하면 창피당할 것만 같은 공포가 나를 짓눌렀다. 또한 대학원에도 학부 때처럼 여전히 강의실에서 말하기를 도맡는 나이 많은 남자 선배들이 존재했다. 어느 날은 교수님 수준으로 말을 잘하는 남자 선배와 교수님이 토론하는 것을 지켜보다 강의 시간이 끝난 적도 있었다. 수업을 마치고 후배들이 그 선배의 말솜씨를 칭찬하자 그는 "그래? 나 사실 책 한 장도 안 읽었어"라고 자랑하듯 말하며 자리를 떴다. 똑같이 책을 안 읽었는데 나는 단 한 마디도 못 할 때 누구는 교수님과 독대해 토론하다니, 그때 나는 왠지 작아지는 기분이었다. 그렇게 강의실에서 쪼그라든 나의 자존감은 공부하는 과정 전체에 영향을 주는 듯했다. 스스로 선택했지만 석사과정 공부는 그다지 재미있지도 않았다. 읽는 내용이든 강의 중 토론이든 허공에 뜬 구름을 잡는 것처럼 느껴졌다. 그나마 미리 준비하는 발표나 책을 읽고 분석하는 글쓰기는 할 수 있어서, 무사히 석사 학위 논문을 쓰고 졸업했다.

　이후 더 넓은 세상에서 마음껏 공부하고 싶다는 로망을 품고 떠난 미국 유학 생활은 여러모로 새로운 경험이었다. 읽어온 책 내용에 기반한 소그룹 토론 시간이 거의 매번 주어졌다. 한국에서는 한 번도 경험하지 못한 일이었다. 소그룹 환경에서 나는 더 편안함을 느꼈다. 언어의 장벽에도 불구하고 수업 중 말을 할 때의 긴장과 두려움이 없었다. 처음에는 학술적인 말을 하지 못해 창피당할 듯한 두려움이 여전히 있었으나, 그것은 곧 사라졌다. 다른 학생들이 무슨 말을 하는지 귀 기울여 들어보니 그들은 '아무 말'이나 하는 것이었다. 한국의 강의실에서 꺼냈다면 '저런 시시한 말이나 하다니' 하고 무시당할 듯한 일상적인 주제, 단편적인 자기 생각 등 미국 학생들은 그야말로 아무 말이나 다 했다. 이렇게 별말 아닌 얘기들로 강의실에서 대화가 오간다는 사실이 나에게는 편히 말을 시작할 수 있는 계기였다. 그런 일이 매 수업, 매 학기 반복되자 나는 소그룹에서 말하기가 점차 편안해져서 나중에는 수다를 떠는 것같이 느낄 정도였다. 게다가 교수님과 다른 학생들이 책의 내용에 관해 구체적인 사례를 들거나 자신의 삶과 연결 짓는 것을 자연스레 보고 배우게 되니, 허공에 떠돌던 이론이 내 삶으로 걸어 들어오는 듯했다. 그 무렵 처음으로 수강한 여성학 과목이 '젠더와 지리학(Gender and

모두의 목소리를 듣는, 흥이 나는 강의실

Geography)'이었다. 소그룹에서 말하는 것만으로도 내게는 충분히 혁신적인 경험이었는데, 게다가 여성학을 만나게 되자 주변 세상이 급격히 바뀌는 느낌이었다. 우리 삶의 공간과 젠더 이슈에 관해 생각해보는 그 수업의 기말 과제에서 나는 어렸을 때부터 나에게 주어진 북향 방과 오빠에게 주어진 남향 방을 소재로 가부장적 한국 사회의 가정 내에서 딸과 아들의 위치를 분석하는 글을 썼고, "이게 바로 내가 원하던 그런 글"이라는 칭찬을 교수님으로부터 들었다.

강의실에서 목소리 내기의 중요성

여성학 프로그램의 일환으로 '페미니스트 페다고지(Feminist Pedagogy)' 과목을 수강하면서 페미니스트 페다고지의 기본 원리를 배웠다.[2] 그 과목에선 '여학생들이 강의실에서 목소리(voice)를 내는 일이 중요하다'고 했다. 여학생들은 강의실 밖 삶에서 가부장적 관계로 이미 억압받고 있기 때문에, 페미니스트 교육자가 가르치는 강의실에서는 그런 가부장적 관계가 되풀이되지 않도록 여학생들에게 힘을 실어주는 방향으로 가르쳐야 한다고 했다. 그러기 위해서는 강의실 안의 학생 개개인을 권위자로부터 지식을 받아들이기만 하는 수동적 존재가 아니라, 자기 삶의 지식을 만들어가는 능동적 존재로 파악해야 한다고도 했다. 또 논문을 쓰는 과정에서 청강한 '페미니스트 연구 방법론(Feminist Research Methodology)'에서는 어떤 과목이든지 페미니즘 관점에서 연구하고 가르칠 수 있다는 점을 배웠다. 심지어 수학도 페미니즘적으로 가르칠 수 있다고 했다.[3] 이런 새로운 배움들이 내게는 신세계와 같았다. 박사과정 공부를 마치고 한국으로 돌아와 대학에서 강의하게 되자, 학생들에게는 내가 경험하지 못한 가장 좋은 강의실을 경험하게 해주고 싶었다. 그러던 중에 만났던《벨 훅스, 경계 넘기를 가르치기(Teaching to Transgress)》라는 책에서 벨 훅스는 강의실은 "흥이 나는 곳"[4]이어야 한다고 했다. 세상에, 강의실이 흥이 나는 곳이라니! 초등학교부터 대학원 박사과정까지 20년이 넘는 시간을 학교에서 보냈으나, 내가 과연 교실에서 흥이 난 적이 있던가? 혹은 교실이 흥이 나는 공간일 수 있다고 조금이라도 상상해본 적은 있던가? 강의실이 흥이 나는 곳일 수 있다니. 또한 벨 훅스는 '흥'이 교육자만의 노력으로 생기는 것은 아니며, 강의실에서 서로가 서로의 '목소리'에 귀를 기울일 때, 즉 공동으로 노력할 때 돋워진다고 했다. 게다가 그는 교육이란 즉흥연주와 같다고 말했다. 치밀한 계획을 세워서 강의실에 들어가더라도 그 계획이 언제든 바뀔 수 있는 즉흥연주, 서로가 서로의 소리에 귀 기울여 반응하며 이어져가는 즉흥연주와 같다고 말이다. 중요한 것은 서로의 목소리에 귀를 기울이는 일이었다. 그러려면 학생들의 목소리를 들을 수 있는 장치를 만들어야 했다.

모두의 목소리를 들으려면

스스로 개념을 정의하는 소그룹 토론

학생들의 목소리를 듣는 가장 기본적인 방법은 소그룹 토론이었다. A교대에서 '교육의 이해와 교육 심리' 과목을 맡았을 때 매 시간을 내가 설명하는 강의와 학생들의 소그룹 토론으로 구성했다. 어떤 과목이든 페미니즘 관점으로 가르칠 수 있다고 배웠으니, 강의의 처음부터 끝까지 소소하게 젠더 관점을 집어넣었다. 예를 들어 인간 발달 이론을 강의한 뒤 "지금까지 내가 속한 사회에서 나는 여성/남성으로 어떻게 발달

해왔나요?"라는 질문을 던졌다. 일단은 서구 학자들의 발달 이론을 각자의 삶에 적용해, 허공에 떠도는 지식을 삶으로 끌어오려는 시도였다. 또한 젠더화된 존재로서 자신의 삶을 성찰하며 학생들에게 젠더 관점이 자연스레 스며들기를 기대했다. 그다음 시간에는 이전 시간에 배운 발달 이론 및 토론 내용에 기반해 그룹별로 '발달'에 대한 정의를 만들어보게 했다. 서구 학자들이 내린 발달의 정의만 옳은 것이 아니라, 학생들 자신의 경험과 생각을 통해 만들어낸 발달의 정의 또한 의미 있다는 것을 직접 체험하게 하려는 장치였다. 사실 나도 학계에서 권위를 인정받은 저명한 학자들의 정의를 읊어주고 수업을 끝낼 수 있다. 그렇게 기존의 지식을 무비판적으로 전달하는 수업이 교육자에게 가장 편할지도 모른다. 현장에서 토론 활동 시 발생하는 여러 가지 상황을 고려하거나, 지금 이 순간 벌어지는 문제에 대해 생각하고 대처하지 않아도 되기 때문이다. 그러나 벨 훅스가 말한 즉흥연주란 어떻게 될지 모르는 상황에 교육자가 자신을 던질 때 비로소 시작된다. 누가 무슨 말을 할지 모르니 교실을 통제할 수 없을 것이라며 교육자가 토론 활동을 두려워해서는 즉흥연주 비슷한 것도 시도할 수 없다. 그렇기에 어떤 권위 있는 교과서에도 실려 있지

모두의 목소리를 듣는, 흥이 나는 강의실

않은 발달의 정의에 관한 토론 활동은 나에게도 모험이었다. 그리고 그 모험은 학생들이 신나게 자기 생각을 떠드는 모습을 지켜보는 즐거움이 되어 내게 돌아왔다.

페미니즘 관점으로 돌보며 가르치기

남녀공학 대학인 B대학에서 교양 선택과목인 '성인을 위한 평생학습'을 강의할 때도 페미니즘 관점으로 가르치는 것을 실천하고자 했다. '페미니즘'이라는 단어를 말하진 않았지만 매주 강의에서 젠더 관점의 사례를 들거나 설명을 덧붙였다. 학기 초에 '학습' 개념을 설명하면서 학생들에게 지금까지 살면서 가장 좋았던(최고의) 학습경험과 가장 싫었던(최악의) 학습경험을 하나씩 꼽아보라고 했다. 소그룹으로 각자의 경험을 공유한 뒤 전체로 모였다. 놀랍게도 한 남학생이 최악의 학습경험으로 '군대'를 꼽았다. 이유도 모른 채 강압적으로 무언가를 해야 했던 경험과 폭력적이고 강압적인 분위기가 너무도 힘들었다는 것이다. 최악의 학습경험은 대개 억지로 무언가를 배워야 했던 일이 많이 꼽히긴 하지만, 군대는 내가 기대한 사례도 아니고 처음 듣는 일이라 속으로 매우 당황했다. 그런데 계속 생각하다 보니 군대 생활이 얼마나 끔찍했으면 최악의 학습경험으로 꼽았을까 싶어 그 학생이 안쓰러웠다. 어쩌면 그 학생은 살면서 상처받은 경험을 꺼내놓은 것일 텐데, 모른 척하지 말고 한 학기 동안 잘 돌봐주자는 생각이 들었다. 벨 훅스의 책에서 읽은 '교육자란 학생들의 영적 성장을 돌보는 방향으로 가르쳐야 한다'는 내용이 내 마음에 남아 있어서 그랬는지도 모르겠다. 다음번 수업에서부터는 그 남학생에게 지속적으로 신경을 썼다. 예컨대 그 남학생의 이름을 불러가면서 "지난 시간에 ○○가 최악의 학습경험으로 군대 이야기를 했는데, 오늘 우리가 배우는 이론은 강제성이 없는 자기주도학습 이론입니다"라고 말하거나, "지난번 ○○가 얘기한 것이 생각나서 오늘 이 영화를 함께 보려고 가져왔어요"라고 하며 영화 〈4등〉*을 함께 보고 영화에 나오는 폭력성에 관해 토론하는 소그룹 활동을 했다. 또 소그룹 활동을 할 땐 다른 그룹에서보다 그 학생의 그룹에서 좀 더 오래 머무르며 한두 마디 거들기도 했다. 그러다 보니 그가 앉아 있는 자

---

* 영화 〈4등〉은 국가인권위원회가 기획하고 정지우 감독이 연출한 2016년 작품으로, 수영대회에서 항상 4등을 하는 초등학생 남자아이와 주변 인물들을 통해 교육과 인권 및 폭력에 대해 생각해보게 하는 영화다.

모두의 목소리를 듣는, 흥이 나는 강의실

세나 수업에 집중하는 눈빛이 더 적극적인 모습으로 달라짐을 알아차릴 수 있었다. 젠더를 직접 언급하는 토론 활동에서도 그는 열심히 경청하고 활발히 말했다. 글쓰기 과제를 받아보니, 전반적으로 인권 의식과 성평등 인식이 학기 초에 비해 많이 변했다고 본인도 인지하고 있었다. 그 강의실에선 그 학생 외에도 "성평등 인식이 많이 향상했다"고 스스로 말하고 나도 그렇게 느끼는 남학생이 몇 명 더 있었다. 학기 말에 받은 학생들의 강의 피드백에는 "이전에는 몰랐던 젠더 문제를 생각할 수 있어서 감사했다"는 말도 있었다.

페미니즘을 말하지 않는 페미니스트의 강의

그런데 한 학기 동안 돌본 몇몇 남학생이 좀 더 성평등한 인식을 갖게 된 것은 다행이지만, 같은 강의실에 있던 여학생들은 놓쳤다는 생각이 들었다. '남학생들 돌보기에 집중하지 않을 수 있었더라면, 여학생들과 공통적인 인식 수준 위에서 대화를 시작했더라면 여학생들은 더 많이 성장했을 텐데' 하는 아쉬움이 남았다. 그러자 한 학기 동안 몇 명의 남학생에게 집중했던 그 돌봄의 과정이 내게는 소모적인 일이었던 것처럼 느껴져서 좀처럼 기운이 나지 않았다.

    그다음 해에 남녀공학 대학인 C대학에서 전공과목인 '평생교육 방법론'을 강의할 때는 지금까지와는 달리 페미니즘 관점으로 가르치지 않겠다고 마음먹었다. '페미니즘'뿐 아니라 '젠더', '여성' 같은 단어도 말하지 않고 학생들에게 페미니즘 관점을 심어주겠다고 의도하지도 않으며 그냥 내 스타일대로, 평생교육학에서 중요시하는 학습자 중심 방법으로 강의하겠다고 생각했다. 그러나 지나고 보니 페미니스트 페다고지를 체화한 나라는 사람이 가르쳤기 때문에 사실상 나는 거기서 페미니스트 페다고지의 원리를 구현하는 강의를 한 것이었다. 예를 들면 B대학에서는 말하기만 했던 주제인 '내 생애 최고와 최악의 학습경험'을 C대학에서는 조별 역할극으로 만들어보게 했다. 학생들은 일단 각자의 학습경험을 공유하고, 그중 어떤 경험을 역할극으로 올릴지를 결정하는 과정에서 자기 생각을 말하고 조율하는 방법을 배운다. 또한 연기하는 과정에서 서로 몸으로 부딪치며 친밀감도 쌓는다. 그렇게 해서 조별로 발표한 역할극의 내용이 결국 자신의 이야기, 옆에서 함께 공부하는 친구의 이야기이기 때문에 학생들은 자기 이야기가 수업에서 중요한 지식으로 다루어지는 경험을 온몸으로 하게 된다. 이는 페미니스트 페다고지의 원리 가운데 '숙련(mastery)'과 '권위'에 연관된다. 즉 전문가인 교육자뿐 아니라 모든 학습자가 자기 삶의 지식을 만들어내는 주체이자 달인이며, 따라서 교육자가 권위를 내려놓는 페미니스트 강의실에서는 모든 학습자가 지식 창출의 권위자가 된다는 점이다. 페미니즘을 전혀 언급하지 않은 활동이 사실상 페미니스트 페다고지의 원리를 실현한 것이다.

또 다른 예는 3시간의 수업에서 절반의 시간을 학생들의 팀 프로젝트에 내어준 것이다. '평생교육 방법론' 과목이기에 학생들이 다양한 교육 방법을 책으로만 배우는 것이 아니라 직접 경험할 수 있도록, 팀을 정하고 해당 팀이 다른 학생들에게 무언가를 가르치도록 했다. 한 학기 동안 교재에서 배운 방식을 포함한 다양한 교육 방법을 사용하는 것이 이 프로젝트의 포인트였다. 그러면서 이 프로젝트의 의미를 학생들에게 다시 한번 설명해주었다. 사실 수업 시간의 절반인 1시간 반을 팀 프로젝트에 할애하는 데는 위험성이 따른다는 것을 나도 안다고, 왜냐하면 어떤 조는 발표를 잘 못할 수도 있고, 그래서 학습자들이 그 시간을 의미 없게 느끼고, 학기 말에 강의 평가가 나쁘게 나온다면, 강사로서 나도 신경 쓰인다고.

그럼에도 불구하고 여기서 여러분이 새로운 교육 방법을 직접 시도해본다면 졸업한 뒤 어딘가 교육 현장에서 분명히 활용할 수 있을 만큼 기억에 남을 것이고, 배운 내용을 그렇게 체화하는 것이 가장 의미 있는 일이기에, 굳이 위험 부담을 안고 이 프로젝트를 진행한다고. 진지하게 고개를 끄덕인 학생들은 나의 걱정이 무색할 만큼 매주 다양하고 재미있는 방법으로 프로젝트를 진행했다. 어떤 팀은 학생들을 그룹으로 나눠, 밖에 나가서 사진을 찍은 뒤 강의실에 돌아와 서로의 사진을 공유하며 거기에 담은 의미를 얘기하게 했는데, 처음 하는 일이라며 긴장하면서도 미러링 기능을 사용해 진행자의 휴대전화 화면을 스크린에 띄워 수업을 잘 진행했다. 또 어떤 팀은 미리 학생들에게 설문조사를 하고 읽어 올 자료를 배포한 뒤, 강의실에서 그룹별로 그 당시 정부의 교육정책을 비판하는 토론을 하고 더 나은 정책을 제안하는 수업을 펼치기도 했다. 미리 공부해 온 학생들이 제안한 정책에는 좋은 요소가 많이 들어 있었기에, 이는 나에게도 학부생들의 역량에 관한 생각을 바꾸게 하는 신선한 경험이었다. 이런 시도가 바로 학생들 스스로 강의실의 주도권을 쥐게 하는 것, 즉 강의실에서 전지전능하다고 여겨지던 교육자의 권위를 내려놓고 학생들

모두의 목소리를 듣는, 흥이 나는 강의실

에게 지식 생산의 권위를 넘겨주는 일이었다. 이 역시 페미니스트 페다고지를 공부하며 배운 대로 실천한 것이다.

그런데 재미있는 점은 한 학기를 마치며 이 강의에 대한 피드백을 받아보니, 이 수업을 통해 가장 많이 힘을 얻어 간 집단이 바로 군대 제대 후 복학한 남학생 집단이라는 점이었다. 아이러니였다. 내가 대학에 다닐 때 제대한 남성 복학생 선배들은 대체로 수업 중 토론을 독점했기에, 그런 일을 지켜보며 나는 '집안에서뿐 아니라 어느 곳에서든 남성이 주도권을 쥐는 게 당연하다'고 무의식중에 학습하게 되었다. 여성으로서 내 삶의 주체성을 찾지 못하고 움츠러들었던 부정적인 경험이다. 그런데 내가 만든 강의실에서 남성 복학생들은 자신들이 사실상 내면세계가 취약한 집단이라고 고백하고 있었다. 예컨대 그들은 자기가 군 복무를 하는 동안 동기 여학생들이 학업이나 취업 준비에서 한참 앞서 나간 것을 보며 소외감을 느끼기도 했다. 또 후배들로부터 '복학생이니 공부를 열심히 하겠거니' 혹은 '아는 것이 많겠거니' 하는 기대를 받지만 사실상 군 복무 기간 동안 머리는 텅 빈 것 같은 데다 제대했다고 갑자기 모든 일을 열심히 하는 것도 아니기에, 사회적인 시선과 기대를 의식하며 더 자존감이 낮아지는 상황이었다. 그런데 이 수업의 소그룹 토론과 역할극 활동을 통해 사람들 앞에서 말하거나 몸을 쓰는 일을 자연스럽게 익히게 되어 자신감이 높아졌다고 했다. 또 소그룹 활동과 팀 프로젝트를 통해 후배들과 활발히 소통하며 서로에 대한 벽을 허물 수 있었다고도 했다. 그래서 다수의 남성 복학생이 '이 강의가 자신에게 너무도 좋은 경험이었다'는 피드백을 한결같이 주었던 것이다. 비록 페미니즘 관점을 전면에 내세우지 않았지만, 페미니스트 페다고지를 배워서 체화한 내가 내 스타일대로 강의했을 때 그 강의실은 누구도 발언권을 독점하지 않는 공간이 되었다(발언권을 독점할 수 없는 시스템이기도 했다). 그리고 거기서 가장 의미 있는 심리적 경험을 한 집단이 사실상 취약한 심성을 지니고 있던 제대한 남성 복학생들이었던 것이다. 이것이 바로 페미니즘이 모두를 위한 것이라는 증거가 아닐까? 페미니즘은 물론 차별받는 여성을 위해 평등한 세상을 만들고자 시작된 것이지만, 결국 여성뿐 아니라 사회적으로 억압받는 집단, 자신의 모습과는 다른 기대를 받고 그 기대에 부응하느라 힘들게 사는 취약한 집단 모두에게 이익이라는 증거 아닐까? 그 강의의 첫 시간에 내 소개를 하며 "나는 페미니스트 교육자"라고 말했다. 부디 그때의 남학생들이 의미 있는 배움의 시간을 페미니스트인 나와 함께했음을 기억하길, 그래서 어딘가에서 시류에 휩쓸려 여성혐오적인 언동을 하고 싶을 때 일단 멈추고 잠시라도 생각해볼 수 있기를 바랄 뿐이다.

주제 발표로 목소리 내기, 목소리 듣기*

여러 대학에서 강의하다 보니 역시 내게는 여학생들을 가르치는 일이 가장 보람 있고 즐겁다고 생각이 정리되었다. 괄목할 만한 성장을 보인 남학생들을 보는 일도 기뻤지만, 그래도 "이 강의실에서 힘을 얻어 간다"는 여학생들을 지켜볼 때가 가장 좋았다. 몇 년간 강의해온 D여자대학에서 어떻게 하면 더 좋은 강의실을 만들지 고민하다가 벨 훅스의 방법을 알게 되었다. 그는 자신의 강의에서 모든 학생에게 짧은 글을 써오게 하고, 그 글을 강의실에서 소리 내어 읽도록 한다고 했다.[5] 그 짤막한 설명을 모델 삼아 2012년 D여자대학의 대학원 수업에서 처음 시도한 것을 보완해서 2018년 동 대학의 학부

* 이하 D여자대학의 사례는 《N번방 이후, 교육을 말하다: 페미니즘의 관점》(학이시습, 2020)에서 〈서로를 연결하고 기억하는 수업〉이라는 글로도 다루었다.

수업인 '성인학습 및 상담'에서 주제 발표 활동을 했다. 성인 학습 이론의 관점에서는 강의실에 앉아 강의를 '듣는 것'만이 공부가 아니라, 우리가 살아가면서 하는 일상생활의 모든 경험과 그 경험에 대해 '성찰하는 과정' 자체가 학습이다. 학기 초에 이렇게 학습의 정의를 확장하는 공부를 하고, 학생들에게 일상생활의 그 어떤 일이어도 좋으니 요즘 가장 관심 있는 일, 가장 함께 말해보고 싶은 주제를 선택해 A4 용지 1~2장의 글을 써 오도록 했다. 발표자가 그 글을 수업 시간에 읽고, 모든 학생이 소그룹으로 그 글에 대해 토론하는 것이 주제 발표 활동이었다. 수강생은 총 29명으로 1학년부터 4학년까지 이과·문과·예체능 계열 학생들이 섞여 있었다.

학생들이 주저하지 않고 말할 수 있도록 나름의 장치를 했다. 일단 전반적으로 편안하게 말할 수 있는 분위기를 만드느라 매 시간 쉬운 질문을 주고 소그룹 토론을 했다. 또 학기 초에는 《그녀 이름은》이라는 책을 읽고 거기에 나오는 여성의 삶을 둘러싼 이슈에 대해 자유롭게 토론하는 한편 글쓰기 과제도 진행했다. 그 책은 결혼, 비혼, 이혼, 직장 내 성희롱, 돌봄 노동 등 여성의 삶의 다양한 단면을 담고 있는 에피소드들로 이루어졌다. 혹시라도 예전의 나처럼 학술적인 말을 해야 할 것 같아 말을 못 하는 학생이 있다면, 이 수업에서는 여성으로서 삶의 경험을 무엇이든 말할 수 있다는 분위기를 만들어주고자 했다. 또한 주제 발표와 관련해서는 발표자들이 학교의 LMS(Learning Management System)[•] 게시판에 참고할 자료를 올리도록 했다. 발표 주제와 관련된 뉴스 기사나 유튜브 영상, 논문이나 책 등이었다. 나의 대학 시절처럼 그저 말 잘하는 재능을 타고난 누군가가 토론을 독점하지 않도록, 모두가 말할 거리를 준비해 올 수 있게 하는 장치였다.

학기 초반에 발표자가 2명이었을 때는 각 발표자가 전체 학생들 앞에 나와 자신의 글을 읽었다. 한 사람에게 모든 학생이 집중하고 그의 말을 듣는 것은 생각보다 강력한 힘이 있었다. 앞에 나와 자신의 이야기를 읽는 발표자를 바라보고 있는 나머지 28명의 학생이 '우리가 지금 너에게 귀 기울이고 있어'라는 무언의 메시지를 몸으로 보냈기 때문일까? 자신의 삶에 밀착된 이야기를 쓴 발표자가 글을 읽다 때로 눈물을 흘

• 대학의 대면 수업을 보조하는 도구로 활용되는 온라인 공간을 일컫는다. 여기서는 과제 제출, 공지 사항 안내, 토론, 설문조사, 읽기 자료 공유 등 다양한 활동을 할 수 있다.

리기도 했다. 그런 순간에는 모든 학생이 조용히 감정을 함께 나누었고, 격려의 박수로 지지를 표시하기도 했다. 그 순간이 지나고 나서는 두 그룹으로 나누어 동그랗게 둘러앉아 자유롭게 대화했다.

이 주제 발표 활동은 학생들과 나의 상호작용으로 이루어진 즉흥연주와 같았다. 활동에 점점 몰입한 학생들은 수업 현장에서 토론 그룹을 정하느라 이동하며 우왕좌왕하는 몇 분의 시간도 아깝다며 토론 그룹을 미리 정하자고 요청했다. 또 자신의 그룹 말고 다른 그룹에서는 무슨 이야기가 오갔는지 무척 궁금하니, 온라인에 발표문을 공유해주면 좋겠다고도 요청했다. 그동안 강사로서 수업의 모든 진행 및 활동은 당연히 내가 주도했다. 하지만 이번에는 내가 말하는 시간을 줄이고 학생들에게 말할 기회를 주기만 했을 뿐인데, 이미 학생들은 서로의 말을 더 잘 들을 수 있는 방법을 생각해내고 있었다. 교육자로서 항상 주도권을 쥐어야 한다는 거짓된 권위 의식을 내려놓자, 학생들이 스스로 더 나은 수업 방식을 만들어가며 강의실이 진화했다. 이제 발표자는 발표문을 미리 공유하고, 그 발표문을 읽은 학생들은 수업 하루 전에 해당 발표문에 댓글로 토론 신청을 하는 것으로 진행 방식이 바뀌었다.

또한 나는 토론 상황을 지켜보며 추가 질문을 만들어 갔다. 활발한 학생들이 모인 경우에는 심지어 웃음소리가 끊이지 않기도 했지만 우연히 조용한 학생들이 모인 그룹에서는 침묵이 이어지기도 했다. 그룹 간 차이를 어떻게 좁힐지 고민하다 각 발표문과 관련된 질문을 미리 만들어서 나누어주고, 그 질문들에 대해 말하는 것이 필수는 아니지만 필요하면 활용하라고 안내했다. 그렇게 하니 내성적인 학생들이 모여 있는 경우에도 할 말이 끊이지 않게 되었다. 모두가 신나게 말하게 되자 강의실이 너무 시끄러워져서 언젠가는 제발 조금만 작은 목소리로 말해달라고 요청해야 할 정도였다. 신나게 말할 수 있는 판을 깔아주었을 때 학생들의 목소리는 수업 진행 방식을 바꿀 만큼 힘을 지니게 되었고, 그런 학생들을 세심하게 지켜보며 나도 방식을 바꾸어갔다. 이런 것이 바로 벨 훅스가 말한 강의실의 즉흥연주가 아닐까?

갈수록 학생들은 이 활동에 몰입해갔고, 마무리 시간을 위해 소그룹 토론을 종료하자 "아직 우리는 한창 얘기 중인데 벌써 토론을 끝내다니 서운하다"고도 했다. 마무리 시간에는 그룹별 토론 내용을 성인학습 이론 및 여성학적 관점과 연결 짓는 코멘트를 해주었다. 예컨대 스토킹을 당한 경험은 여성 대상의 폭력 문제와, 원치 않는 화장과 브래지어 착용 이슈는 더 광범위한 탈코르셋 운동과 연결 지어 설명했다. 늘 시가의 제사 음식을 만드는 엄마의 이야기는 가부장적 결혼 제도 안에서의 여성 인권 이슈와, 여자가 키 크고 힘 세다는 이유로 사회적 압박을 받았던 경험은 우리 사회의 강요된 여성성 문제와 연결 지어 코멘트를 했다. 이런 과정을 통해 학생들의 목소리를 들으며 학생들이 요즘 무슨 생각을 하고 사는지를 들여다보는 일이 나에게는 강의의 주된 보람이었다. 대학생이니 가장 즐겁고 행복하리라는 나의 선입견과는 달리 학생들에게는 각자의 삶의 무게로 지고 살아가는 짐들이 있었다. 성인 초기의 어린 여성들이지만 이미 이 사회에서 여자아이, 여학생, 여성으로 살아오며 겪어야 하는 크고 작은 고단한 일들 때문에 각자의 자리에서 고군분투하는 존재들을 내가 지금 마주하고 있다는 사실을 알게 되었다. 그러자 강의를 준비하면서도 때로 학생들의 얼굴이 떠올라, 어떤 질문을 제시하면 학생들이 더 의미 있는 토론을 펼칠 수 있을지를 고민하게 되었다.

종강하던 날 한 학생이 나에게 와서 수강생 가운데 상당수가 모여서 단톡방을 만들었다고 알려주었다. 주제 발표와 토론 때 내가 가끔 영화·웹툰·책 등을 추천하면 학생들이 반가워하기에 아예 온라인에 추천 자료 게시판을 만들었는데, 그 자료들을 방학 동안 보고 모이기로 했다고 전했다. 이 말을 듣는 순간 뭔지 모를 충만한 느낌이 내 안에 가득 찼다. 학생들이 자신의 생각과 경험을 나누며 강의실에서 신나게 참여할 기회만 만들어주었을 뿐인데, 한 학기 동안 학생들은 내 생각보다 더 훌쩍 성장했던 것이다.

대학원 수업에서 내 강의가 "힐링 타임"이라는 말은 이전에도 들었지만, 이 수업의 강의 평가에서는 "인생 강의"라는 말까지 볼 수 있었다. "다른 수업과는 다르게 일상생활과 밀접한 주제로 수업을 이끌어주어서 좋았다", "앞으로 삶을 살아가는 데 도움이 될 것 같은 강의였다", "수업에서 내 이야기를 공감하며 들어주는 사람들을 만나서 행복했다", "교수님이 권위를 내려놓고 학생들과 이야기를 나누는 것이 인상적이었다", "학생 개개인이 지식·사고·행동 수준의 차이로 자책하지 않고 배울 수 있도록 배려해줘서 고마웠다", "여성으로서 발전하고 성장할 수 있었다"와 같은 긍정적인 평이 가득했다. '이 정도면 한 학기 동안 학생들에게도 내게도 흥이 나는 강의실이었구나, 서로의 목소리를 듣는다는 것이 이렇게도 우리 모두에게 힘이 되는 일이구나' 하고 생각했다. 내가 학생일 때는 겪어보지 못한 강의실을 내가 가르치는 학생들에게는 경험할 수 있게 해주었다니 다행이었다. 무엇보다도 학생들의 성장을 지켜볼 수 있다는 것이, 한 학기 동안 이 강의실에 나의 마음을 쏟았던 것에 대한 가장 강렬한 보상이었다.

치유하고 치유받는 페미니스트 강의실

돌이켜 생각해보니 목소리를 내지 못하던 여학생·여자아이는 사실 나였다. 무비판적으로 조용히 지식을 받아들이기만 하던 학교 교실에서의 내 모습 이전에는 억압적이고 폭력적인 양육자 밑에서 자기 의견을 말할 수 없었던 어린 시절이 존재했다. 성적이 떨어지면 종아리를 맞았지만, 성적이 올랐다고 딱히 칭찬받은 기억은 없다. 언젠가 텔레비전 뉴스를 보며 내 생각을 한마디 말했다가 바로 이어지는 엄마의 비난 폭탄을 받은 뒤로 입을 닫았다. 두 살 위인 오빠를 위해 어릴 때부터 다 커서까지 많은 것을 양보하고 시중 들어야 했기에 무의식

중에 온몸으로 이 세상에서 여성의 부차적인 위치를 내면화해버렸다. 이미 삶에서 가부장적 관계에 찌들어 목소리 내는 법을 잃은 채 강의실에 들어오는 여학생이 바로 나라는 사실을 박사과정에서야 영어 책을 공부하며 발견했다.

공부하러 간 미국 대학에서는 이미 '어떤 이론적 담론이든 인종, 계급, 젠더, 성적 지향성 등의 관점에서 비판하는 일이 매우 보편화되어 있었다. 또한 소그룹 토론 역시 일반적인 수업 방식의 하나였다. 젠더 이슈를 중시하는 학문적 분위기, 소그룹 토론, 여성학 배우기, 페미니스트 교수들로부터 배우기. 이런 일들을 통해 나는 점차 강의실에서 내 목소리를 내는 법을 배워갔다. 그렇게 해서 성장한 내가 교육자의 위치에 서게 되었다. 나처럼 삶에서 목소리를 내지 못한 채 강의실에 들어온 여학생들에게, 내 강의실에서만큼은 여성으로서 목소리를 낼 수 있는 힘을 얻어 가게 하고 싶었던 것은 나에게는 너무도 자연스런 흐름이었다. 누구도 나에게 시키지 않았지만 매 강의 '어떻게 하면 여학생들의 이야기를 더 많이 들을 수 있을까' 고민하고, 더 많이 들을 수 있는 장치를 만들어간다. 아마도 "인생 강의"라는 피드백은 그렇게 강의실에서 목소리를 냄으로써 나처럼 힘을 얻어 간 여학생들의 말이 아니었을까 싶다.

나도 이제는 요령이 생겨서 남녀공학 대학에서는 더 이상 강의를 하지 않는다. 강의실에서 여학생들에게 힘을 실어주는 일이, 목소리를 내기 시작한 여학생들이 결국 성장해가는 것을 보는 일이 너무 좋아서 이제는 여자대학에서만 강의를 한다. 언젠가 《N번방 이후, 교육을 말하다》[7]라는 책의 내용을 강의했을 때 누군가 내게 "이런 강의를 하고 다니면 공격을 많이 받지 않느냐"고 물어본 적이 있다. 나는 "글쎄요, 저는 요즘 페미니스트나 여자들만 만나고 다녀서 잘 모르겠네요"라고 말하며 웃었다.

올해로 D여자대학에서 동일한 강의를 다섯 번째 하게 되었다. 코로나19 시기를 통과해 3년 만에 대면 수업을 하러 학교에 나가고 있다. 여느 때처럼 학생들에게 간단한 질문을 주고 옆 사람과 말하도록 하자, 그 전까지 내 말만 듣느라 조용하던 강의실이 금방 시끌시끌해졌다. 50여 명의 여학생이 와글와글 떠드는 광경을 지켜보고 있자니 그저 너무 좋았다. 말 못 하던 여학생이던 내가 이렇게 모두의 말소리로 시끌시끌한 강의실을 만들 수 있다는 사실 자체가 나에게 '힐링'이라는 것을 이 글을 쓰며 깨달았다. 가부장적 양육 환경에서, 남성중심적·권위주의적인 강의실에서 받았던 나의 상처가 치유되는 순간이란 바로 지금이다. 벨 혹스의 말처럼, 가부장적 관계에서 받았던 상처를 치유하는 공간은 '이론화' 작업에도 있지만, 그 이론화를 바탕으로 내가 새롭게 만들어간 강의실, 바로 여기에도 있다. 내 강의실을 거쳐 가며 행복해하는 여학생들을 지켜보는 일 자체가 나에게 치유의 경험이었기에 계속 이렇게 강의할 용기가 났나 보다. 이번 학기에도 모두의 목소리를 듣고, 서로의 목소리에 귀 기울이며, 흥이 나는 강의실을 또 한 번 만들어볼 생각에 마음이 설렌다.

"너무 불평등한 사회의 너무 작은 시도지만
최소한 이 교실에서라도 누군가가 적극적으로
'아니'란 말을 해야 한다는 책임을 느꼈다."

페미니즘 교실의 이방인들

오혜민

나는 자주 혼자였지만,
결코 혼자 성장하진 않았다

학교는, 교육은 인간의 삶에 얼마나 많은 기적의 순간을 만들어낼 수 있을까. 어쩌다 보니 학교와 떼려야 뗄 수 없는 인생을 살아가고 있지만 고등학생 때의 나는 안 가면 집이 시끄러워질까 봐 영혼 없이 학교에 오가던 좀비였다. 운이 좋았던 덕에 가족 안에서 뚜렷하게 드러나지 않았던 성차별을 처음으로 실감한 작은 세계가 학교였다. 운이 좀 나빴는지 학교까지 신경 쓰기엔 내 삶은 가정 폭력으로 평온하지 못했다. 어디에도 맘 붙이지 못하는 삶이었지만 고3이 되기 직전 가을, 심경에 변화가 생겼다. 그냥 학교의 그냥 '담탱이', 다른 선생님보다 조금은 괴짜였던 담임선생님이 나를 불렀다. 머리가 굵어진 후 처음, '학교의 어른이 내 얘기를 들어준다'는 감각과 함께 딱히 특출난 학생도 아니던 나를 '믿는다'는 신뢰의 메시지가 전달됐다. 내가 어떤 사람인지 판단하는 대신, 나의 '상태'와 '필요'를 파악하는 선생님의 모습에 삶을 어떻게 살지 고민하기 시작했다. '이런들 어떠하리 저런들 어떠하리' 하며 세상을 다 하찮게 보던 시절도 끝났다. 나는 나의 삶을 잘 보존하고 가꿀 책임이 있었고, 1년 후 '인간 승리자'가 되어 대학에 진학했다. 감사를 표하러 간 날, 선생님께 "나를 힘들게 한 문제의 해결법을 찾고 다른 이의 삶에 기여하고 싶기에 여성학과 사회학을 택했다"고 얘기했다. 교문 밖까지 배웅하러 나온 선생님은 내 손을 꼭 잡고 "세상에 지더라도 지치지 않으면 좋겠다"는 말을 건넸다. 커다란 학교를 배경으로 서 있는 선생님의 모습을 보며 선생님이 그렇게 작은 사람인지 나는 그때 처음 알았다.

대학의 여성학 교실은 괴로운 주제와 해방감을 주는 내용으로 가득했다. 설명되지 않던 현상에 언어를 부여하며 내 삶을 지탱해줄 해답을 찾아가는 시간은 굉장히 치열했고, 나는 그 분위기에 압도되었다. 당시의 나는 단호하고 큰 목소리를 불편하게 느끼는 취약한 상태였기에 논쟁의 틈에 들어가는 걸 어려워했다. 내가 할 수 있는 가장 적극적인 의사 표시는 숨 쉬러 강의실을 나갔다 오는 것이었고, 가장 큰 동참의 표시는 잘 듣고 글로 표현하는 것이었다. 정답을 쉬이 찾을 수 없다는 답답함을 느낄 때마다 나는 글자나 글의 형식을 바꾸기도 했는데,* 경쟁이 치열했던 학교에서 여성학 교실은 그 도전과 실험을 승인해주는, 꼭 필요한 마지막 오아시스였다. 오아시스를 졸업한 뒤, 삶을 단단하게 다지며 숨 쉴 공간과 살아남는 데 더 유용한 도구를 찾아내고자 독일 베를린으로 떠났다.

몇 달 뒤 나는 나의 세계를 바꿔낼 실험적 시도가 가득한 젠더다양성학과에 진학했다. "세상에 바보 같은 질문은 없단

---

* 내가 가진 언어로는 생각을 도무지 설명할 수 없다는 답답함을 느낄 때 나는 모음과 자음을 변형하거나, 다른 폰트를 사용하거나, 띄어쓰기나 줄 변경을 엉터리로 해보며 언어를 찾지 못한 낯선 생각을 표현하고자 했다.

　　　　　　　　　페미니즘 교실의 이방인들

다"라고 반복해서 말하는 선생님들, 경쟁보다 즐거움과 행복에 집중하는 친구들 안에서 처음 느낀 편안함이 쌓이면 쌓일수록 자괴감이 더 커졌다. 과묵한 성격에다 아직은 독일어가 익숙하지 않았기에 엉터리 문법을 쓸까 겁나 마음속으로 문장을 교정하다 보면 토론은 끝났다. 입가에 맴돌며 묻어둔 말을 교실 밖에서 혼자 노트에 써 내려가기 시작했고 노트의 두께만큼 답답함이 쌓였다. 그러던 어느 날 내게 인종차별 사건이 발생했다. 숨 쉴 곳을 찾아 이렇게 멀리 와서 그렇게 노력했고, 해당 분야 전공자인데도 또 아무것도 할 수 없었다는 무력감이 엄습했다. 24시간을 멍하게 있다가 매일 아침 하던 계란프라이 만드는 법이 기억나지 않아 프라이팬을 홀랑 태운 뒤에야 용기를 내 친구에게 도움을 요청했다. 차분하게 진술을 마치고 경찰서를 나서며 '이렇게 멀리 와서 그렇게 노력한 내가 엄청 대단하다'는 생각이 들었다. 오랫동안 나를 지배해온 무력감이 안개 걷히듯 사라지며 마음속 무언가도 와르르 무너졌다. 폭력 생존자로서 갖고 있던 긴 트라우마의 끝이었다. 느끼는 대신 생각하느라 바빠서 미뤄뒀던 감정이 처음으로 나의 것으로, 또 생경하게 다가왔다. 불의에 빠르게 나서서 같이 싸우는 친구들,

'정답 없는 토론'을 제안하며 정답 대신 질문의 덩어리를 쌓기를 기다리는 선생님, 듣는 귀를 열어둔 학교와 학과 모두 울타리처럼 나를 지키며 성장시켰다는 사실이 그제야 처음으로 와닿았다. 지지와 공감의 말과 눈빛, 제도적 장치, 나의 감정과 상태·습관을 충실히 살필 여유를 만든 교육 방식이 미처 인지하지 못한 새 어느 틈에 소복하게 쌓여 있었다. 억압의 한가운데에서 교육이 페미니즘과 삶을 비로소 연결한 순간이었고 해방감과 희열, 즐거움이 모두 폭발했다. 사실 어릴 때의 나는 책 읽기를 무엇보다 좋아하고 말하는 걸 아주 좋아하는, 절대로 과묵하지 않은 '투 머치 토커'였다. 잠깐 잊고 있었을 뿐.

유학 생활을 마친 뒤 다시 한국에서 공부를 이어가며, 나를 변화시킨 기적의 순간을 정리하고자 페미니스트 페다고지를 알아갔다. 교육 경험을 반추하며 교육 공간을 구성하는 요소에 관해 토론하고, 다소 실험적인 방식을 연습한 뒤 교육이 지닌 힘과 한계도 읽어냈다. 그때만 해도 선생님이 될 줄은 몰랐고 한판의 연극을 준비하는 느낌이 재밌어서 참여했는데, 몇 년이 흐른 뒤 나는 그만 선생님이 되어버렸다. 나를 변화시킨 기적의 순간이 언제, 어떻게

페미니즘 교실의 이방인들

만들어졌는지 다 파악하지도 못한 채 '나를 살게 해준 선생님과 동료처럼 학교와 사회를 겉도는 누군가에게 그런 순간을 만들어주는 어른이 되고 싶다'는 마음 하나로 고단한 여정을 시작했다.

커다란 학교의 작은 이방인

2019년 한 국립예술대학에서 새로운 시도를 시작했다. 2016년부터 시작된 해시태그 운동 '#○○ 내 성폭력'과 학내 여성혐오 아카이빙, 대자보 등을 통해 '창작의 자유'라는 이름 안에서 묵인되어온 예술계 내 성폭력 문제가 공론화된 상황이었다. 교육으로 예술계 전반의 분위기를 바꾸겠다는 포부와 국립대로서의 책임 의식은 학생회·교수진·연구팀의 교과 개발로 이어졌고, 2019년 '예술가의 젠더 연습'이 모든 신입생을 대상으로 한 교양 필수과목으로 지정되었다.[1]

교양 필수과목 지정 후 두 번째 학기였던 2019년 2학기, 단 한 번의 계절학기 강의 경력이 전부인 초보 선생 하나가 얼마나 큰 도전인지도 모른 채 덥석 그 실험적 시도에 뛰어

들었다. 그리고 만 3년 동안 연극·미술·무용·음악 전공자들이 참여하는 총 20개의 반에서 516명의 학생을 만났다.* "여대와 남녀공학 대학은 분위기가 다르니 수업에서 '페미니즘'이란 단어를 굳이 꺼내지 않는 게 낫다"는 조언이 들렸다. 현실적인 조언이었지만 용감한 시도를 해낸 구성원의 뜻을 이어가기 위해, 이 공간을 과거의 나처럼 절실한 오아시스로 여길 학교 내 페미니스트들에 용기를 주기 위해, 이곳에 '페미니즘'을 당연한 것으로 자리 잡게 하기 위해 강단 위의 페미니스트 대표자인 나는 뒤로 물러날 수 없었다. 용감하고도 무모하게 첫날부터 이 수업이 페미니즘 수업임을, 페미니즘이 생각을 확장하는 아주 유용하고 재밌는 도구며 당신과 당신의 분야를 단단하게 지키는 힘임을 선포했다.

'후회하느니 후폭풍을 감당하겠다'는 다짐은 초심자였기에 할 수 있는 생각이었다. 필수과목 지정에 대한 반발이 드러난 첫해의 교실은 총체적 난국이었다. 수업을 반기지 않는

---

* 전체 신입생의 수가 600명이 채 되지 않는 학교에서 꽤 많은 학생이 내 수업을 거쳐 간 셈이다. 총 516명 가운데 377명이 여학생, 139명이 남학생이었고 각 반은 20~40명 정도의 규모였다.

페미니즘 교실의 이방인들

학생들이 끈끈한 카르텔을 형성해 '시작한다'는 신호와 함께 단체로 핸드폰을 꺼내거나, 수업에 활발하게 참여하는 학생에게 눈치를 주는 일이 잦았다. 어딘가에서는 집단으로 수업을 보이콧했다는 흉흉한 소문도 들렸고, 외부에선 강의계획안에 트집을 잡으며 집단 민원을 제기했다. 수업을 반기던 학생들은 점점 뒤로, 더 노련한 선생님이 담당하는 반으로 옮겨 갔고, 내 교실의 상황은 점차 나빠졌다. 바보 같은 질문이 없기는 개뿔, 맨 바보 같은 질문만 '난리 블루스'를 벌였다. 롤링 페이퍼, 설문, 포스트잇 등을 이용한 '종이 대화', 불을 끄고 진행한 토론, 긴장을 풀 간식까지 오만 기법으로 참여를 유도하며 분위기를 잡으려고 애쓸수록 나는 작아져만 갔다. 교실 안팎의 공격으로부터 나를 막아줄 보호막이 없는 상황에서 내 전공이 모욕받는 느낌이었다. 어느 날엔 강의실에 들어가는 게 너무 싫어 수업 시작 시각까지 밖에서 맴돌았다. 수업 공간의 누군가가 강단의 '페미니스트 대표자'인 나의 권위가 무너졌다는 사실로 인해 고통받을지도 모른다는 생각은 나를 더 괴롭혔고, 어설픈 광대놀음을 끝내고 도망치듯 떠나면 공간 변화는커녕 기존의 위계와 차별을 강화하는 조롱의 근거가 될까 겁도 났다. 태연한 척 꿋꿋하게 강의 내용을 전달하는 데 집중했다. 그렇게 연기가 늘었다.

벼랑 끝에서 나의 교육 경험을 되짚어봤다. 멋진 선생님을 '담탱이'로 부른 업보를 반성한 뒤 압박 속에서 글로 표현하는 게 숨통을 틔웠던 기억과 함께 선생님의 짧은 코멘트, 스마일 이모티콘, 따스한 시선이 선물같이 느껴졌던 기억이 되살아났다. 마침 강의에서 책 목록을 제시하고 학생들에게 그중 관심 주제의 책을 골라 에세이를 제출하게 한 터였다. 학생들이 제출한 100개 정도의 과제물에 하나하나 답하기 시작했다. 품이 많이 드는 일이었지만 선생과 학생이 일대일로 확인할 수 있는 과제함에는 수업 중 말이 되지 못한 채 머무른 생각이 고스란히 담겨 있었고, 모욕의 풍경인 줄 알았던 강의실에 한 사람, 한 사람의 삶과 고민이 있었다. 나를 긴장하게 하고 위협했던 상대의 형상도 하나둘 뚜렷이 보였다.[2] 피드백을 끝낸 뒤 학생들의 말이 늘어났다. "낯선 주제였는데 점점 나의 세계가 넓어졌다", "나도 선생님도 신입생, 우리는 똑같다", "어느 날 갑자기 내 문제로 와닿았다", "이 수업이 있어 다행", "사실 많이 울었다", "학교에서 유일하게 존중받는다고 느낀 시간", "학교 전체에 이 수업이 퍼져나갔으면" 등 환대의 얘기들이 그 공간의 먼지가 되어가던 이방인을 붙잡았

페미니즘 교실의 이방인들

다. 약간의 여유가 생겼기 때문일까? '내 얘기가 아닌 남의 얘기'만 듣느라 괴롭고 힘들어 보이는, 이 수업의 또 다른 이방인이 눈에 들어왔다.

페미니스트 교실의 이방인들

너무 불평등한 사회의 너무 작은 시도지만 최소한 이 교실에서라도 누군가가 적극적으로 '아니'란 말을 해야 한다는 책임을 느꼈기에 그 이방인들을 환대하기란 쉽지 않았다. 지적되지 않은 차별 발언이 자칫 교수자의 승인을 거쳤다는 착각으로 이어지면 교실은 차별적 사회를 재현하는 공간이 되어 사회와 학교에서 이중으로 소외당하는 학생을 만들어낼 수 있었다. 하지만 지적만으로 변화를 끌어내기는 어려웠다. 스쳐 가는 행인 정도의 무의미한 관계라면 외면하거나 바로 지적하는 것도 괜찮은 선택이겠지만, 이방인들 역시 나의 학생이었고, 수업 공간이 변화하려면 그들의 변화가 중요했다. 난 생처음으로 소외된 것이 낯설어서인지, 자신의 문제에 골똘히 빠져든 나머지 타인의 삶을 이해하기 싫은 상태여서인지

원인 파악도 쉽지 않았다. 마음을 모두 파악할 수는 없었지만, 어떤 경우라도 그들이 이 공간에서 제대로 존중받는 경험을 통해 타인을 존중하는 법을 이전보다는 조금 더 배우길 바랐다. 지더라도 지치지 말자고 결심했다.

상대의 마음을 알 수 없기에 번번이 실패할 수밖에 없는 시도였다. '아끼는 사람'의 경험으로 성차별을 이해하자는 제안은 때로는 효과를 발휘했지만, 나의 '특권'이 사라진다는 공포 앞에서 공감은 큰 힘을 발휘하지 못했다. 뒤엉킨 감정은 개념을 이상하게 꼬거나, 타인을 평가·조롱하는 방식으로 표출되었다. 20년 정도 여성학을 파고 있는 나도 아직 못 찾은, 그리고 평생 찾지 못할 '진정한 페미니즘'이 무엇인지 알려주겠다며 온라인 논의를 가져와 페미니즘과 페미니스트를 비하하는 말도 자주 등장했다. 강의 평가를 보면 공격자의 비율은 1~5% 정도로 절대적으로 많은 수는 아니었다. 문제는 그 공격이 실제 비율보다 훨씬 큰 효력을 발휘한다는 사실이었다. 수업에 대해 반발하는 사람이 셋을 넘어가는 순간 그들 사이에 카르텔이 형성되며 강의실의 분위기가 무너졌고, 단 한 번의 혐오 발언이 다수를 위축시켰다. "'맨 박스의 폭행'을 피해 앞으로는 피해 여성을 봐도 단호히 외면하겠다"

페미니즘 교실의 이방인들

는 글*부터 "혐오 발언을 지적하는 건 가스라이팅 아니냐"는 반발도 있었다. 차별을 강화하기 위해 반(反)차별의 말을 오남용하는 상황을 목격하며 커리큘럼과 강의안은 계속 변형되었다. 고군분투의 결과인지 몇 번이나 강의 평가에서 만점을 받았지만 그 과정은 험난했고, 아주 잠깐 승리감이 들었지만 그이상으로 지쳤다.

교실은 치열한 배틀 그라운드

교실은 안온한 돌봄의 장소가 아니라 돌봄과 권위,[3] 무수히 많은 위계와 정동이 충돌하는 치열한 싸움터였다.[4] 일주일에

---

*　토니 포터(Tony Porter)의 '맨 박스(Man Box)' 개념과 카르텔에 쉽게 포섭되지 않는 남성들을 관리하고 여성을 타자화하는 구조인 '호모소셜(homosocial)'을 소개한 뒤 작성된 글이었다. 글을 쓴 학생은 '피해를 당하고 있는 여성을 발견한 남성이 피해자를 구하는 행동은 씩씩한 사람, 적극적인 사람 등 남성의 역할에 대한 고정관념을 기반으로 한 기대인 맨 박스에서 비롯된 것이며, 자신은 이러한 기대가 맨 박스의 폭행으로 느껴진다고 서술했다. 즉 성차별적 사고를 깨나가려는 페미니즘 수업의 취지를 가져와 자신 역시 성차별적 사고를 깨나가기 위해서 성차별 사례인 폭력을 보고도 방관하겠다는 발언이었다.

두 시간씩 열다섯 주 총 서른 시간이라는, 인생 전체에서 봤을 때 짧다면 짧은 시간 안에 이미 자기 세계에서 성장할 만큼 성장한 성인 학습자를 바꾸는 기적은 쉽게 만들어지지 않을 것이었다. 수업 공간에서 혐오 발언을 멈췄던 이들 역시 교실 밖에서 또 그 행위에 동참하며, 수업을 조롱하고, 열심히 참여한 다른 친구를 비난할 수도 있었다. 그럼에도 시도는 계속 이어져야 했다. 공격 강도를 낮추고, 공격 시간을 늦추도록 공격자에게서 1초의 망설임을 만들어내는 것만으로도 수업은 의미 있는 움직임이었다.

한 해, 두 해 익숙해질 법도 하건만, 매 순간 늘 새롭게 힘겨워하는 가운데 시도를 이어갔다. 나아졌나 싶으면 학교 밖의 험난한 흐름이 고스란히 전달되며 존엄의 물결을 가로막았다. 반복되는 상황을 막는 가장 쉬운 해결책은 강압적 방식일 수도 있지만, 이 교실에서조차 교육 공간의 위계를 강화하는 결과로 이어질까 봐 늘 망설였다. 무엇보다 내 모든 기적의 순간이 강압적인 방식이 아니라 존중에서 시작되었다는 기억이 나를 제어해주었다. 모두에게 존중받는다는 감각을 주면서도 이것이 타인의 존엄을 짓밟는 발언까지 존중하고 승인하는 과정이 아님을 알려주기 위해 고도의 기술과 많은

페미니즘 교실의 이방인들

에너지가 필요했다. 최소한의 안전망과 안전 공간을 확보하며 교실 안에서라도 지켜야 할 가치가 승인받는 단단한 경험을 쌓을 수 있도록, 나의 권위 대신 공간과 공동체의 권위를 만드는 방법을 찾아 나섰다.[5] 내가 현장에서 겨우 찾은 방법을 이미 한참 전 시도한 수많은 페미니스트 선생님의 존재는 든든한 지지였고, 그 계보는 시대를 초월해 전달된 편지였다. 현재 자신이 속한 곳의 생생한 경험과 서로를 위한 팁을 나누는 동료들과 만나며 그들과 연계하자 치열한 교육 공간에서 홀로 분투한다는 소외감도 줄어들었다. 용기를 채우자 말 없는 이방인과 말 많은 이방인의 모습도 더 크고 면밀하게 보이기 시작했고, 열패감에 지쳐갈 때마다 미세한 변화가 포착되었다. 티끌만큼의 변화일지언정 그 가능성을 이어가고자 그간의 상황과 상황별 전략을 네 가지 유형으로 기록했다.

첫 번째, 공격 상황이다. 온라인상의 혐오 발언을 그대로 따라 하는 경우, 극단적 사례를 가져와 혐오에 정당성을 부여하고자 하는 공격의 움직임이 포착되었다.[6] 기초적인 조치로 매 수업을 시작할 때 '정답'은 없지만 '오답의 가능성'을 기억하고 소수자에 관해 발언하기 전에 생각해보자는 의미로 약속문을 보여주었다. 합의를 통해 약속문을 도출하려고 첫

'예술가의 젠더 연습' 수업의 약속

— '정답' 대신 '질문'이 활발한 공간이 되었으면 합니다.
— '오답'의 가능성을 기억합시다. '사회적 소수자'에 대한 발언 전엔 꼭 한 번 더
  생각해봅시다.
— 수업 중 참여자의 발언·행동으로 인해 불편한 상황이 생겼을 때, 가능하면 수
  업 시간 중 그 불편함을 표출해주시길 부탁드립니다(저도 그럴게요). 그럼에도
  하지 못한 얘기가 있을 수 있습니다. 저에게 따로 연락 주세요.
— 참여 중 어려운 점은 알려주세요(메일·과제함·카톡 등).
— 이 수업의 링크·비디오·자료를 외부에 유출하면 저작권법에 위배됩니다.

※ 전격 반말 시행 중.
※ 불편함을 표하는 신호는 '당근'입니다.

수업에선 '불편함을 표하는 신호'를 함께 만들었다.[7] 온라인 커뮤니티 또는 타인의 의견을 베낀 에세이나 발언에 피드백 하지 않겠다고도 선언했다.[8] 혐오 발언에 대응하는, 사전 고지된 교수자의 침묵과 차분함은 이것이 방임이나 직무 유기와는 다른 강한 의사표시라는 안도감을 교수자에게 제공했다. 또한 공격이 전혀 효과를 발휘하지 못했다는 점을 보여줌으로써 공격자를 무안하게 만들며 교실과 교수자의 권위를 확립하는 결과로도 이어졌다. 이 밖에도 타인의 혐오 발언을 '흉내' 내지 말라는 주문은 창의성이 미덕인 예술 학교에서

페미니즘 교실의 이방인들

특히 효과적이었다. 부정적인 표현 대신 '존중', '평화', '조화' 등의 우회 표현이 페미니즘을 공격하고자 등장하기도 했다. 이렇게 변형된 반(反)페미니즘의 발언은, 대치하는 입장인 줄 알았는데 사실 지향점은 같았던 '뒷걸음 페미니스트'들을 엉겁결에 양산했고 나는 기다렸다는 듯 존중·평화·조화를 만들기 위한 방안을 신나게 되물었다.[9]

두 번째, 무관심 상황이다. 자기의 삶과 관련 없다며 수업을 전혀 듣지 않는 학생을 매 학기 발견했다. 수업을 듣는 학생보다 듣지 않는 학생에게 더 많은 시간과 에너지를 쓰는 상황은 기묘한 불균형을 만들었다. 직면한 현실의 실질적 해법과 지지가 필요한 참여자를 향한 교수자의 관심이 오히려 줄어들게 된 것이다. 무엇보다 교수자의 의연함이 필요했다. 일종의 수동 공격인 무관심과 침묵이 교수자의 실패가 아님을 스스로 굳게 믿어야 주도권을 유지하며 상황을 차분히 넘길 수 있었다. 의연한 기다림 뒤에 상대방의 대화 의사를 발견하면, 교실 안에서 일대일로 대응하기보다 관련 콘텐츠를 보여주는 방식으로 우회하여 이것이 개개인의 갈등이 아니라는 점을 보여주었다. 학생이 스스로 어떤 위치, 어떤 입장을 취해야 할지 난감해한다면 호모소셜(homosocial, 동성사회성) 밖을 택한 남성 페미니스트 사례를 소개했다. 학생이 비난받는 듯한 기분에 불쾌감을 느꼈다면 혐오 발언 자체에는 절대 공감하지 않은 채 딱 '감정'에만 공감하는 돌봄의 방식으로 존중의 뜻을 전달했다. 한 번의 존중이 무관심하던 학생을 자리에서 떠나지 않게 했고, 곁눈질로 시작된 교실에 대한 관심은 종종 경청으로 이어졌다. 페미니즘의 폭넓은 주제 가운데 하나가 '우연히' 그의 삶과 연결되었고, 이 한 번의 접촉은 다른 주제를 듣도록 귀를 열게 했다.

세 번째, 거부 상황이다. '불편하다' 혹은 '불필요하다'는 말과 함께 페미니즘의 주제를 회피하거나 페미니즘을 '반사회적인 것', '패배'로 치부하는 상황이었다. 이는 교수자, 교과목, 다른 사람을 향한 비아냥거림으로 이어졌다. '나는 타인과 달리 구조의 영향을 받지 않는 소수의 성공한 이가 될 수 있다'는 다짐이 강한 사람일수록 거부 반응을 더 자주 드러냈다. 그 두려움을 이해하는 게 가장 중요했다. 차별과 폭력의 상황이 피해자의 행동에서 비롯된 것이 아니라고 설득하기 시작했다. 그리고 이 문제를 살펴보는 일이 당신이 언젠가 만날 수 있는(사실은 이미 만난) 상황에서 당신을 공격하는 대신 당신을 지키는 힘이 된다는 점, 당신을 지지하는 주변인의 연대를 두텁게 만들며 함께 성장하는 과정임을 반복해서 말했다. 자신의 생애 궤적을 살피며 과거의 나에게 해주고 싶은 말을 표현하거나, 불평등 상황을 시뮬레이션으로 제시해 구체적인 상황 속 역할과 전략을 상상하게 하는 활동도 효과적이었다.[*] 동일한 '불편한' 주제라도 어떤 환경에서 누구와 접하느냐에 따라 다르게 받아들일 수 있기에 대화, 글, 익명 의견 제시 등 다수의 의사소통 방식을 제시하는 것도 도움이 되었다. 또래의 경험을 기반으로 한 발표와 토론은 이론을 삶과 밀접하게 연결하는 과정이 되었다.

마지막으로 자기 검열 상황이다. 이것은 공격과 냉소를 목격한 뒤 자기 역시 평가 대상이 될 수 있다는 공포에서 비롯되었다. 실제 공격자의 수보다 더 큰 위기감이 발휘되는 이 상황은 특히 비대면 상황에서 페미니스트에 대한 공격이 더 자주 목격된 시기에 유독 자주 발견되었다. 에브리타임,[**] SNS 등에서 저격당한다는 공포, '숨어 있을지도 모를 가해

---

[*] '내 전공 성토대회', '나라면?'이라는 이름의 프로그램이었다. '불편한 호칭과 존중의 호칭', '가장 친한 친구가 지쳐서 이 분야를 그만둔다고 하면 내가 해줄 수 있는 건?', '내가 이 분야 선생님이 된다면 아끼는 제자에게 어떤 것을 전하고 싶은가?' 등의 주제를 상상해보길 제안한다.

자'에 대한 긴장이 상당했다.[10] 교실 내 권력을 끊어낼 도구
가 필요했다. 어둠 속 토론, 포스트잇 대화, 익명 채팅, 롤링
페이퍼 등 신원을 숨기는 여러 방법이 도움이 되었다. 그러
나 참여율을 높이는 데 성공한 이 방식들은, 학기 말까지도
'이 말이 숨을 필요 없는 아주 당연한 말임'을 선포하는 데
성공하진 못했다. 특히 위계질서가 극명한 전공일수록 이러
한 경향이 더 강하게 드러났다는 점은, 수업에서 확보한 안
전 공간이 사회적 안전망으로까지 확대되지 않고서는 완전
한 효력을 발휘하지 못한다는 걸 보여주는 방증이기도 했다.

지치지 않았기에 이기는 법

매 학기 말 마지막 10분, 나는 학생들에게 쑥스러운 편지를
들려준다. 힘들게 했든 보람을 느끼게 했든, 그대들이 나의
선생이기도 했다는 말로 나를 성장시킨 고마움을 표한다. 당
신을 지지하는 이들을 만드는 교실을 계속 가꿔가겠다는 각

** 대학별 익명 커뮤니티와 시간표 작성 기능 등을 제공하는 온라인 서비스.

페미니즘 교실의 이방인들

오, 당신도 주변을 단단하게 지탱하길 바란다는 부탁, 당신의 작품이 사회에 뻗어가길 기다리고 있겠다는 바람도 표한다. 그리고 마지막으로 나의 학생들에게 "세상에 지더라도 지치지 말라"는 그때 그 선생님의 말씀을 돌려준다.

자그마한 거인 선생님을 바라봤던 그날의 풍경이 여전히 눈앞에 선하다. 나는 수수께끼 같았던 그 말을 실천하기가 얼마나 어려운지 깨달을 만큼 성장했지만, 지더라도 지치지 않는 법을 아직 다 알지 못한다. 도전의 공간에서 3년의 시간을 충실히 보냈지만 여전히 초보 선생인 나는 아직 정답을 쉬이 찾지 못한 채 헤매곤 한다. 그래서 어렵고 버거운 순간을 홀로 버틸 수 없는 나에겐 더 많은 사회적 장치와 따스한 시선으로 서로를 지지하고, 귀 기울이며, 아이디어를 나누는 동료가 필요하다.

종강 후 학교 안팎에서 의미 있는 움직임을 만드는 학생들의 흔적, 수업을 함께 지탱하는 학생들의 모습을 볼 때마다 교실의 모든 풍경이 되살아난다. 그리고 나는 그들이 지치지 않음으로써 결국 이기는 법을 알기 시작했다는 걸, 아니 그들은 이미 알고 있었고 내가 그걸 배우기 시작했다는 걸 깨닫는다.

우리를 망치러 온 우리 '몸'의 구원자

1 Derald Wing Sue et al., "Racial Microaggressions in Everyday Life: Implications for Clinical Practice", *American Psychologist*, 62(4), 2007, pp.271−286.

2 벨 훅스, 《벨 훅스, 경계 넘기를 가르치기》, 윤은진 옮김, 모티브북, 2008. 벨 훅스의 논의는 '경계를 넘는 어떤 이론의 토양 그 자체가 되어버린 몸'에서 끝나지 않고 '그런 몸이 교실에서 자유롭게 움직이고 흥이 나야 한다'는 데까지 이어진다.

3 박찬욱 감독의 2016년 영화 〈아가씨〉에 나온 대사다.

4 홍은광, 〈희망의 교육을 향한 해방의 삶, 파울로 프레이리〉, 《교육비평》, 14, 교육비평, 2003, 242−270쪽.

5 Paulo Freire, *Teachers as Cultural Workers: Letters to Those Who Dare Teach*, Westview Press, 1998.

6 파울루 프레이리, 《페다고지》, 남경태 옮김, 그린비, 2018.

7 Nancy Schniedewind, "Teaching Feminist Process in the 1990s", *Women's Studies Quarterly*, 21(3/4), 1993, pp.17−30.

8 파울루 프레이리, 《페다고지》.

9 스티븐 D. 브룩필드, 《파워풀한 성인교수기법》, 조성란 옮김, 학지사, 2020.

10 Gayatri Chakravorty Spivak, *An Aesthetic Education in the Era of Globalization*, Harvard University Press, 2013.

11 Claire Kramsch and Linda von Hoene, "Cross−cultural Excursion: Foreign Language Study and Feminist Discourses of Travel", in Aneta Pavlenko et

al.(eds.), *Multilingualism, Second Language Learning, and Gender*, De Gruyter Mouton, 2001, pp.283–306.

오늘의 교실을 위한 모두의 길

[1] Jill Eichhorn, "Women's Bodies in the College Writing Classroom: The Threat of Feeling Exposed", *College Composition and Communication*, 43(3), 1992, pp.308-311.

[2] Shirley C. Parry. "Feminist Pedagogy and Techniques for the Changing Classroom", *Women's Studies Quarterly*, 24(3/4), 1996, pp.45–54.

[3] 같은 글.

[4] Carolyn M. Shrewsbury, "What Is Feminist Pedagogy?", *Women's Studies Quarterly*, 21(3/4), 1993, pp.8–16.

[5] Elsa Schieder, "Integrating Lesbian Content", *Women's Studies Quarterly*, 21(3/4), 1993, pp.46–56.

삶에 '우리'라는 흔적 남기기

[1] Linda Forrest and Freda Rosenberg, "A Review of the Feminist Pedagogy Literature: The Neglected Child of Feminist Psychology", *Applied and Preventive Psychology*, 6, 1997, pp.179–192.

[2] Sara Ahmed, *Complaint!*, Duke University Press, 2021.

[3] Nancy Schniedewind, "Teaching Feminist Process", *Women's Studies Quarterly*, 15(3/4), 1987, pp.15–31.

[4] Frances L. Hoffmann and Jayne E. Stake, "Feminist Pedagogy in Theory and Practice: An Empirical Investigation", *NWSA Journal*, 10(1), 1998, pp.79–97.

5 김정희원, 《공정 이후의 세계》, 창비, 2022.

6 샌드라 하딩, 《누구의 과학이며 누구의 지식인가: 여성들의 삶에서 생각하기》, 나남, 2009.

7 벨 훅스, 《비판적 사고 가르치기: 실천적 지혜》, 이다현·박상옥 옮김, 박영스 토리, 2019.

모두를 포괄하는 교육에 대한 상상력

1 프랜시스 마허·메리 테트로 지음, 《젠더, 인종, 계급, 권력이 교차하는 페미니 스트 교실》, 전제아 옮김, 학이시습, 2021.

2 이자연, 《어제 그거 봤어?: TV 속 여자들 다시 보기》, 상상출판, 2021.

페미니스트 음악 선생님

1 에릭 부스, 《음악을 가르치는 예술가》, 오수원 옮김, 열린책들, 2017, 36쪽.

2 유기상, 〈문화예술 교육 방법으로서 렌즈 기반 미디어 리터러시에 관한 연구〉, 《한국콘텐츠학회 2011년도 춘계 종합학술대회 논문집》, 2011, 427–428쪽.

3 BTS가 2014년 발표한 곡 〈핸드폰 좀 꺼줄래〉의 가사 일부.

4 RM이 2012년 발표한 곡 〈Illest Bitch〉의 가사 일부.

5 RM이 2012년 발표한 곡 〈Trouble〉의 가사 일부.

6 민은기, 《음악과 페미니즘》, 음악세계, 2022, 65쪽.

7 벨 훅스, 《비판적 사고 가르치기: 실천적 지혜》, 이다현·박상옥 옮김, 박영스토 리, 2019, 16쪽.

우리의 나이테를 쌓아가는 수업

[1] Bonny Norton Peirce, "Social Identity, Investment, and Language Learning", *TESOL Quarterly*, 29(1), 1995, pp.9–31.

[2] Kimie Takahashi, *Language Learning, Gender and Desire: Japanese Women on the Move*, Multilingual Matters, 2013.

[3] Yoko Kobayashi, "Female Language Learners and Workers: Japan versus its East Asian Neighbors", in Yoko Kobayashi(ed.), *Attitudes to English Study among Japanese, Chinese and Korean Women*, Routledge, 2021, pp.71–85; Jinhyun Cho, "Why Do Interpreters Need to Be Beautiful? Aesthetic Labour of Language Workers", *Gender and Language*, 11(4), 2017, pp.482–506.

[4] Misako Tajima, "Gendered Constructions of Filipina Teachers in Japan's Skype English Conversation Industry", *Journal of Sociolinguistics*, 22(1), 2018, pp.100–117.

[5] Beatriz P. Lorente, *Scripts of Servitude: Language, Labor Migration and Transnational Domestic Work*, Multilingual Matters, 2017.

[6] 〈디즈니, 고전 만화영화의 인종차별 관련 경고문 강화〉, 《BBC》, 2020.10.16.

[7] Lesley Coia and Monica Taylor, "Uncovering Our Feminist Pedagogy: A Co/autoethnography", *Studying Teacher Education*, 9(1), 2013, pp.3–17.

모두의 목소리를 듣는, 흥이 나는 강의실

[1] 벨 훅스, 《벨 훅스, 당신과 나의 공동체》, 김동진 옮김, 학이시습, 2022, 134쪽.

[2] 프랜시스 마허·메리 테트로, 《젠더, 인종, 계급, 권력이 교차하는 페미니스트 교실》, 전제아 옮김, 학이시습, 2021.

[3] Suzanne K. Damarin, "Teaching Mathematics: A Feminist Perspective", in Thomas J. Cooney and Christian R. Hirsch(eds.), *Teaching and Learning Mathematics in the*

1990's, Natinoal Council of Teachers of Mathematics, 1990, pp.144–151.

[4] 벨 훅스, 《벨 훅스, 경계 넘기를 가르치기》, 윤은진 옮김, 모티브북, 2008, 13쪽.

[5] 벨 훅스, 《벨 훅스, 경계 넘기를 가르치기》, 53쪽.

[6] 조남주, 《그녀 이름은》, 다산책방, 2018.

[7] 김동진 외 19인 지음, 《N번방 이후, 교육을 말하다: 페미니즘의 관점》, 학이시습, 2020.

페미니즘 교실의 이방인들

[1] 교과목 개설 배경과 교실 내 침묵에 대한 논의는 다음 연구에서 더 찾아볼 수 있다. 오혜민, 〈침묵으로 쓰는 백래시 시대의 페미니스트 페다고지〉, 《여성학논집》, 39(1), 2022, 3–33쪽.

[2] 에세이와 피드백의 효과, 여러 유형의 에세이 과제 방식에 관해서는 다음 연구를 참고하기 바란다. Shirley C. Parry, "Feminist Pedagogy and Techniques for the Changing Classroom", *Women's Studies Quarterly*, 24(3), 1996, pp.45–54.

[3] 페미니스트 교실 안 교수자의 권위·돌봄·권력에 관한 해석은 다음 논문들을 참고하기 바란다. Marian M. Sciachitano, "Introduction: Feminist Sophistics Pedagogy Group", *College Composition and Communication*, 43(3), 1992, pp.297–300; Becky Ropers-Huilman, "Scholarship on the Other Side: Power and Caring in Feminist Education", *NWSA Journal*, 11(1), 1999, pp.118–135. 양육자·권위자 페르소나의 양립 불가능성과 불확실성에 관해서는 다음 논문을 참고하기 바란다. Karen Powers-Stubbs, "Watching Ourselves: Feminist Teachers and Authority", *College Composition and Communication*, 43(3), 1992, pp.311–315.

[4] Kathleen Weiler, *Women Teaching for Change: Gender, Class & Power*, Greenwood Publishing Group, 1988.

[5] Alice Elwell and Rachel Buchanan, "Feminist Pedagogies in a Time of Backlash",

Gender and Education, 2019, pp.1–15.

[6] 학내 반(反)차별 조치로 제안된 수업의 럭비부 남학생을 위한 커리큘럼 설계, 실행 방안을 담은 다음 논문을 참고할 수 있다. Jennifer Scanlon, "Feminist Pedagogy Meets Male Sports: A Workshop on Gender Sensitivity for the Men's Rugby Club", *NWSA Journal*, 6(3), 1994, pp.442–451.

[7] 차별 없는 창작 환경을 위한 '시카고 씨어터 스탠다드'의 부정적 코멘트와 행동을 다루는 법을 참고하기 바란다. 신호를 외치는 이, 듣는 이 모두에게 문제 제기 과정에서 수반되는 부담과 불편함을 경감시키는 효과가 있다. 서울시성평등활동지원센터, 〈시카고 씨어터 스탠다드(CTS) 국제워크숍 자료집〉, 2019.

[8] 신뢰감과 규칙을 만드는 법은 다음의 글을 참고하기 바란다. Frances A. Maher, "My Introduction to 'Introduction to Women's Studies': The Role of the Teacher's Authority in the Feminist Classroom", *Feminist Teacher*, 3(1), 1987, pp.9–11.

[9] 건설적 피드백, 의사소통과 공동 리더십을 만드는 방법, 교육의 힘을 소개하며 페미니스트 선생님을 북돋는 내용이 담긴 다음 글은 페미니스트 선생님에게 좋은 지침이 된다. Nancy Schniedewind, "Teaching Feminist Process in the 1990s", *Women's Studies Quarterly*, 21(3), 1993, pp.17–30.

[10] 배움을 가로막는 세 가지 장벽의 유형은 다음 글에서 살펴볼 수 있다. Kathleen Dunn, "Feminist Teaching: Who Are Your Students?", *Women's Studies Quarterly*, 15(3), 1987, pp.40–46.